改革开放进程中的经济学家学术自传

高培勇 张卓元 主编

迟福林学术自传

迟福林◎著

ACADEMIC AUTOBIOGRAPHY OF CHI FULIN

SPM
南方出版传媒
广东经济出版社
·广州·

图书在版编目（CIP）数据

迟福林学术自传 / 迟福林著. —广州：广东经济出版社，2019.10（2021.6重印）
（改革开放进程中的经济学家学术自传）
ISBN 978-7-5454-6785-7

Ⅰ.①迟… Ⅱ.①迟… Ⅲ.①中国经济－经济发展－文集 Ⅳ.①F124-53

中国版本图书馆CIP数据核字（2019）第187502号

出 版 人：李 鹏
责任编辑：甘雪峰 王成刚
责任技编：陆俊帆

《迟福林学术自传》
CHIFULIN XUESHU ZIZHUAN
迟福林 著

出版发行	广东经济出版社（广州市环市东路水荫路11号11—12楼）
经销	全国新华书店
印刷	恒美印务（广州）有限公司 （广州市南沙经济技术开发区环市大道南路334号）
开本	730毫米×1000毫米 1/16
印张	15.5
字数	162 000字
版次	2019年10月第1版
印次	2021年6月第2次
书号	ISBN 978-7-5454-6785-7
定价	88.00元

如发现印装质量问题，影响阅读，请与承印厂联系调换。
发行部地址：广州市环市东路水荫路11号11楼
电话：（020）38306055 87393830 邮政编码：510075
营销网址：http://www.gebook.com
广东经济出版社新浪官方微博：http://e.weibo.com/gebook
广东经济出版社常年法律顾问：胡志海律师

迟福林

现任中国（海南）改革发展研究院院长，研究员，博士生导师，第十一届、第十二届全国政协委员。20世纪80年代初至今30余年间，一直从事改革研究工作，形成了许多重要的改革研究成果，是具有广泛影响力的改革建言者。

作为一名改革研究者，迟福林专注于中国改革问题研究，多次主持或参与国家重大改革研究课题和国际合作研究项目。这些研究成果，有的被党和政府决策所采纳，有的作为国家制定相关规划的重要参阅件。多次参加国务院总理主持的专家座谈会，为我国改革事业建言献策。

迟福林于1991年参与创建中国（海南）改革发展研究院，历任常务副院长、执行院长、院长。28年来，始终坚持以建言改革为己任，坚持问题导向的战略与行动研究，坚持用改革的办法办院，带领团队努力建设中国改革智库。目前，中国（海南）改革发展研究院已成为国内外具有广泛影响力的社会智库。

迟福林先后受聘为中国经济体制改革研究会副会长，中国行政体制改革研究会副会长，国家行政学院、北京大学、东北大学等高校特聘教授，国家“十三五”规划专家委员会委员，国家工商行政管理总局市场监管专家委员会副主任委员，广东、山东、海南等地方政府决策咨询顾问。享受国务院特殊津贴专家，曾获“五个一工程奖”“孙冶方经济科学论文奖”“中国发展研究奖”“全国杰出专业技术人才”等多项荣誉，入选《影响新中国60年经济建设的100位经济学家》《20世纪中国知名科学家学术成就概览（经济学卷）》。

前　言

今年是我国改革开放40周年。中国社会科学院经济研究所《经济研究》编辑部与广东经济出版社联合策划出版“改革开放进程中的经济学家学术自传”丛书，我感到很有意义。借这个机会，将自己一部分个人经历和研究改革的学术要点予以阶段性整理，希望通过自己的回忆和总结，能丰富我们这代人对改革开放的集体记忆，以此向改革开放40周年献礼！

今年，是我参加工作50周年。从20世纪80年代初到现在的30多年时间里，我的主要精力大都放在研究改革上。直到今天，仍然在加班加点从事改革研究工作。这些年，有朋友建议我将多年来参与改革、研究改革的经历写下来，我迟迟未敢动笔。说句实话，也难以抽出时间系统总结与潜心写作。在出版社的一再催促下，我找了几位同事利用“十一”假期来帮忙。这样，总算拿出一个初稿。由于时间仓促，本书难免有所遗漏，恳请各位读者予以谅解、指正。

这本书分为3个部分。自序简要回顾自己的求学经历，以及参与改革、建言改革的历程，愿以此表达自己对改革的那份情感，那份追求。后面8章，从“建言农村改革——赋予农民长期而有保障的土地使用权”“建言国企改革——从国有企业到国有资本”“建言政府改革——由经济建设型政府向公共服务型政府转型”“建言社会改革——加快推进基本公共服务均等化”“建言经济转型——以转变发展方式为主线的二次转型”“建言扩大消费——我国开始进入消费新时代”“建言开放转型——从‘一次开放’走向‘二次开放’”“建言新时代改革——‘二次改革’”等8个方面，总结自己30多年来建言改革的研究历程。最后，将自己这些年来发表和出版的学术著作予以梳理，愿借此表达一名改革研究者的家国情怀与执着精神。改革还有很长的路，我还将为此一直努力下去。这段经历，是永远以行动书写的了。

在本书编辑出版过程中，我的同事陈薇、郭达、郭文芹、陈所华、夏锋、甘露、宋玉瑶等给予了热心协助。同时，也得到《经济研究》杂志社和广东经济出版社编辑的大力支持。在此，一并表示感谢！

迟福林

2018年10月15日

自　序

与中华人民共和国几乎同龄的我，既切身经历了国家经受的“反右运动”“三年困难时期”“文化大革命”等磨难，又有幸见证了国家改革开放带来的翻天覆地的变化。成长与生活在大变革的年代，更深深感受到改革开放给国家与民族自强、给老百姓生活水平带来的巨大变化。正是基于此，有机会参与的改革，不仅成为我几十年来的主要工作，更成为我一生孜孜不倦的追求。

一　难忘师恩 立志自强

1951年，我出生于黑龙江省肇东县。从记事到1968年参军这段接受启蒙教育的少年时代，大体恰好是新中国成立到“文化大革命”这段时期。曾有记者采访我：“您少年时代的教育，主要得益于家庭还是学校？”说句实话，从小我的老师给了我莫大的关爱和启蒙。在我记事和成长中，曾目睹自己的老师遭受迫害，使得我少年时代懵懂地有些思考，更对我后来参与改革产生重要影响。

1. 难以忘怀的师恩

2017年，我给东北大学研究生院中国（海南）改革发展研究院（以下简称“中改院”）分院毕业的博士生授予学位时，还没讲两句，眼泪差点就淌下来了。其时，我想起了我曲折的求学之路，想到对我影响终生、有着深厚师恩的老师们，一时难以控制自己的情感。

记得刚上小学一年级，班主任王老师如慈母般地关爱我、教育我，她还多次家访。小学三年级到六年级的两位老师对我关爱有加，时常把我带到家里，有时还留我在家吃饭，给了我良好的启蒙教育。到了中学，几位老师利用业余时间指导我如何阅读、如何写文章，自费为我订阅当时全国有名的文学杂志《萌芽》。从小学到中学，老师们看我勤奋好学，都一再鼓励我“以后要上大学”。由此，从上小学开始，我就立志好好读书，有了一个“大学梦”。可惜的是，“文化大革命”打破了我这个梦想。

2. 老师怎么成了“坏人”？

令我没有想到的是，仿佛一夜之间，有的老师接连遭遇变故，给我留下了极其深刻的记忆。

大概是1957年的夏天，我正在家门口纳凉，突然看到我家的邻居、一位师范学校毕业的年轻老师从附近的水井口跳了下去。一会儿工夫，人们把他打捞上来，但人已经走了。我小的时候，这位老师的博才多艺给我留下了很深的印象。他为什么会自杀？一问才知道，他刚刚被学校打成“右派”。我问父母，什么叫“右派”，他们告诉我，就是“坏人”。目睹了这一过程的我，感到不解至极。

后来上了中学，我的中学校长是位教化学的女老师，姓刘，曾为了指导学生做化学实验被炸瞎了一只眼睛，即便这样，她还是坚持教学。没想到的是，在“文化大革命”中她被打成“走资派”。刘老师性格耿直，不服气。这样，批斗时她被斗得更厉害。作为她的学生，我实在难以理解，这么敬业、正直的女老师，怎么一夜间就成了“走资派”？看着老师被批斗，当班长的我与几位同学商量，成立了“造反团”来保护老师。班上60来个同学一呼而应，当时全校不到70个老师，有60多个老师参加到我当“团长”的“造反团”，并且得到“支左”部队的支持。后来，我们接管了学校的“大权”，并且利用这个“权力”，在1967年秋季就开始“复课闹革命”。在我所在的地区，我们学校是第一个恢复上课的。

3. 拾粪拾柴的故事

小学三年级，我的家庭连续遭遇变故，父亲、哥哥、姐姐接连生病。由于父亲在集体单位工作，不能全额报销，病休后工资又不能全发。母亲为了照顾父亲而辞职，由于是集体单位，辞职后没有一分钱工资。哥哥是在国有事业单位工作，不仅医药费全报，工资也照拿。我小时候很不理解，为什么国有单位和集体单位的职工，待遇差别竟然如此之大?

在因病致贫的情况下，还是小学生的我，决心为家庭减轻负担，冬天拾粪、夏天拾柴，挣些家用。黑龙江的冬天，早上至少零下二三十度，早上4点到4点半天还未亮，我套着外套，拿着电筒就出门了。夏天我就到二三十公里外拾柴。那时候我还很小，别人和我说："只见堆满柴火的车在走，看不见小孩的身影。"

现在回想起来，虽然经历了那个吃不饱饭的困难时期，但我并不气馁，因为比我更艰难的人多得是。比同龄人相对早熟一点的我，从初中开始就给自己定下了信条：相信自己，相信自己的努力。可能正是出生和成长于那样一个年代，才有了立志学习、勇毅自强、改变命运的动力源泉，也才有了后来投身改革、奉献国家的志向。

二　艰难的求学之路

梅花香自苦寒来。在动荡年代，能得到学习、受教育的机会很不易。尽管如此，我仍咬牙坚持下来了。从1968年参军到后来1984年考入中央党校硕士研究生这段时期，我逐渐认识社会，学习马列理论，并有幸得到了许多老师的指导和教诲，为后来走上改革研究之路打下了基础。更为重要的是，我深刻地认识到，不仅要做好学问，更要常怀赤子之心，不忘家国情怀。

1. 从部队学员到新闻干事

1968年1月，我正式参军入伍，成为沈阳军区一名学习外语的学员。在那个年代，能在部队里学习，是一种幸运。现在回过头看，我的求学路与从军路早已紧紧相连。

在部队里，我的文笔还可以，被称为“小笔杆子”。1970年12月，我告别了长白山的侦听工作岗位，到大连部队政治处做新闻宣传干事，并且在1971年初被送到《旅大日报》（也就是现在的《大连日报》）学习半年。从山沟里出来，高兴极了，我开始真正地接触新闻、接触社会。例如，我以曾辉煌一时的“瓦房店纺织厂、瓦房店轴承”为选题，写了一篇工业通讯。从这个时候起，我开始了对国家命运、对社会未来的思考。

2. 从国防大学外军教员到马列教员

1976年10月，由于各方面表现突出，我从沈阳军区调入国防大学（当时称“军政大学”，校长是萧克）。因为我学过两年日文，被分到了外国军队战略教研室。这个教研室在当时可是个热门的“香饽饽”。第一，战争时期的余热仍存，军事研究是一门“显学”，能专门研究“外军作战学”，多少人梦寐以求！第二，彼时改革开放初启，在大学生中，带“外”“国际”字眼的专业都十分热门。

可是，我却萌生了另外一种想法。为什么？虽然外军教研室很吃香，但“文化大革命”结束后，我一直在思考，为什么过去错了？错在哪？我开始意识到，国家正从“十年浩劫”中走出，百废待兴，需要变革。我应当从事现实研究。从这一点来说，我得到了时代给我的一个机会。一颗从少年时代就埋下的忧国忧民的种子，在这个时候开始萌发。

于是，在外军教研室待了半年后，我和当时的蔡主任说，我在部队搞了七八年的理论和宣传工作，能否推荐我到宣传部做宣传理论干事，他理解并支持了我。不久后，我被调到马列教研室当教员，开始系统研究科学社会主义。

这段时期，我迸发出极大的学习热情，那时候国防大学的同事都说，“小迟的办公室总是灯亮到深夜”。经过“文化大革命”，我感到太多的学习时间被耽误了，不得不争分夺秒！

3. 在北大学习

1979年下半年，我终于有幸进入北京大学进修，开始了北大国际政治系的学习生活。能得到这个机会，个中苦辣在此不细说，但我真是倍加珍惜，卖了命一样地学习。

我是穿着军装、以国防大学进修教师的身份来到北大的。当时在国政系主要跟1978级、1979级两个班。班上说起来可谓人才济济，蔡武当时是班里的党支部书记。北大的百家争鸣、兼容并包的治学精神，给了我很大的思想启蒙。1979年，我听了一次美国的政治学家讲地缘政治的选修课，那时候我在国防大学，教研室讲的是阶级政治，哪有地缘政治呢？这给我带来了很大的冲击，使得我开始思考一些问题。

在北大一年半的时间里，除了完成本专业课程之外，我跨了哲学系、经济系，报了18门课程，又在半工半读的情况下，用了半年时间通过了其余6门课程的考试。后来，在国政系张汉清教授等的努力下，北大破格给我发了本科同等学历证书。

虽然在北大学习的时间很短，但在那个思想解放、时代变革的年代，活跃着的北大对我产生了重要的影响。北大教给我的，不仅是知识和学问，更是知识分子做人做事的道理。1980年，国政系的张汉清、张映清两位老教授，为了让我能够继续留在北大学习，从北大骑车到红山口的国防大学教研室给我说情，带我到家里给我做饭、给我书籍，教我做人、做学问。我至今很感谢他们的恩情。2018年是北大120周年校庆，也是我进入北大的第40个年头。直到今天从事改革研究工作，北大精神仍然使我深深受益。

4. 考入中央党校

由于我所在的教研室主任的缘故，从1981年中央党校招生开始，教研室其他年轻教员都可以报考，连续几年就是不允许我报考。1984年4月初，我被派到北京市海淀区法院参加“严打”工作，职务是主审法官。一天，国防大学马列教研室刘副主任急急忙忙打电话对我说：“小迟，赶快回来，你赶快报考中央党校研究生！”可是这时，我面临两个困难：一是报考时间已过了一天了。这时候，教研室主任病休一年，又是北大老师找到中央党校负责招生的主任，我这才报上名。二是报名后不到20天就要考试，可我当时还在北京市海淀区法院工作。为了能有复习的时间，教研室的领导给我出了个主意——“装病”。我当时确实有胃病，于是国防大学医院给我办理了住院手续。白天，我就在医院，晚上回到宿舍熬夜复习。这样，过了一周，大概4月底，我参加了中央党校的考试。幸运的是，我在200多个考生里名列前茅。

1984年可谓中央党校1977年复校以来人数最多的学

年。9月的一天，新学年开学典礼顺利举行。时任中共中央总书记胡耀邦同志发表重要讲话。刚入校不到两个月，中央党校召开了一次关于改革开放的理论研讨会。会上王珏教授作为教师代表先发言，我作为学生代表也做了发言。我当时的发言引起了大家的关注。会后，王珏老师就找到我，希望我多关注一些经济改革问题的研究。随后，我被推选为中央党校理论部学术组组长，开始专门探讨、研究改革问题。

通过前期在部队和北大学习时的思考，我到中央党校学习之时，已经有了一定的积淀。可以说，我的角色一下子就变了，与其说是学生，不如说是冲在改革前线的一名战士。1985年夏天，在理论部的支持下，我们100多个研究生利用暑假时间，到全国20个市县做改革情况调查。后来，我开始研究邓小平改革思想，并且在中央党校做一些改革相关的讲座和改革研讨，等等。那时候搞改革专题讲座，可以发海报请大家来听，这在当时也差不多是独一份了。记得1985年下半年我的一场改革讲座，场面出乎意料地十分火爆，来听讲座的人络绎不绝，有的领导干部没有座位就坐到水泥台阶上。

考入中央党校以后，我对改革的研究真正开始起航。从那时起，我开始专注于经济改革的一些重大理论研究。在这一时期，老一辈的经济学家的严谨治学对我影响深远。比如，王珏教授关于商品经济的理论、关于重建个人所有制的理论、关于股份合作制的理论研究，都给我很大的启示。后来，杜润生、安志文等老一辈改革家内在的理论的严肃性和情感的社会性相结合，坚持自己观点的风格和治学精神，让我受用一生。

三 专职从事改革研究

从在中央党校学习起，我已经将改革作为一种责任、目标和未来人生的方向。而且，我的研究不仅仅是为了学习，更是以参与、推动改革为目的。

1. 调入中南海从事改革研究

1986年10月，我还在中央党校读书时，接到中央通知，抽调我到中央政治体制改革研讨小组办公室做改革研究工作。这时候，有了前期的铺垫和准备，研究视野全面打开，开始了国家层面上的体制改革研究。

当时，我真的是全身心投入，从1986年10月到1987年底的这一年时间里，我一周只回家一次，其余时间加班加点、干劲十足。

等到硕士毕业时，我发表了《试论我国社会主义初级阶段的民主政治建设》毕业论文，并刊载于《中国社会科学》1988年第1期。在毕业论文中，我就社会主义初级阶段民主政治建设的几个问题展开论述，阐述了我国社会主义民主政治建设的远期目标和近期目标，并对如何健全与完善党内民主制度问题提出了几点见解。

2. 投身海南改革实践

1987年10月25日到11月1日，中共十三大召开。十三大闭幕后，我迎来了人生中又一个重要的选择。

时任海南建省筹备组组长许士杰书记在北京找到我，希望我来海南参与筹备建省。我不假思索，便痛快地答应了许书记。真的是“说了就做”！还记得我上午从国防大学办理转业手续，下午3点多就拿到了户口本。穿了整整20年的军装，可是为了去海南岛，不到一天，就从军人变成老百姓。

海南的改革开放，是在20世纪80年代我国改革开放向纵深推进的大背景下起步的。我当时想，中央做出海南建省办经济特区的战略决策，就是要将海南推到国际市场上去，让海南实行比其他经济特区还“特”的经济政策。我的想法很明确，海南是我国改革开放的“试验田”，在这张白纸上可以绘出最美的画卷、写就最好的文章。

没想到，一来海南，倏忽间已快满31年。

3. 海南建省初期的改革实践

以处理好政府与市场关系为重点确立和完善社会主义市场经济体制，是我国改革开放40年的重要实践经验。1988—1992年，我作为海南省委政策研究室、省体制改革办公室的主要负责人，主持并参与了海南建省初期改革开放的若干实践。回过头来看，海南建省办特区的最初几年，有几项改革“率先”走在了全国的前列。例如，第一，1990年海南率先全面推进价格改革，基本形成了由市场形成的价格机制。第二，率先探索建立以股份制为主体的现代企业结构，20世纪90年代初形成了以股份制为主体的企业结构。第三，1990年率先实行新型社会保障制度。第四，建省之初率先实行“小政府、大社会”的新体制，最大限度地发挥市场和社会的作用，基本解决了价格与市场的关系、企业与市场的关系、社会与市场的关系、政府与市场的关系。由此，初步形成了海南社会主义市场经济体制的基本框架。

特别是在当时，“建立特别关税区”成为海南上上下下关切的问题。30年来，我从未放弃自己的观点，一直在为建立“海南特别关税区”鼓与呼。

4. 从官员再回归学者

到了20世纪90年代初，我将大部分精力集中在建立中国（海南）改革发展研究院的筹备工作当中。在当时的背景下，我意识到自己与其做一个官员，不如做一个改革研究者，以学者的身份研究改革、推动改革，可能更符合改革事业的需求，也更符合我个人的意愿。

1991年11月1日，中国（海南）改革发展研究院成立时留影。

到了中改院，我更可以开始心无旁骛地做一些改革研究。现在回过头来看，我的研究大致可以分为三个阶段。从20世纪80年代到21世纪初，我重点关注如何推进市场经济体制建设；SARS危机后，即从2003年开始，着力政府转型、公共服务体制改革研究；从2009年开始，重点研究以经济发展方式转变为主线的第二次转型和第二次改革。

四　创立中国改革智库

自1991年建院以来，我早已将我的一切融入了中改院。身边的人常说我“以院为家”，其实，我哪里有“家”的概念。虽然我也有很多机会能够调回北京，但是无论遇到什么压力和困难，无论工作岗位如何变化，无论有什么别的机会，我从来都没有动摇过做改革研究的信念。做一名改革问题的研究者，建设以建言中国改革为己任的一流智库，研究

1991年11月1—2日，中改院成立大会暨海南对外开放战略研讨会召开。

改革、推动改革，我从来没有后悔过自己当初的选择。

1. 中国改革的产物

中改院的诞生，无论是从诞生的时间来说，还是从诞生的背景来说，都被赋予了一种特殊的历史使命。中改院诞生于20世纪90年代初，是在特定的改革环境下在海南创建起来的。中改院于1991年11月1日正式建院，它的成立有三大背景：

第一，诞生于最大的经济特区。1988年，我向许士杰书记提了一个建议："能不能允许我来创办一个海南省改革发展研究所？"我还说道："我的目的就是有一个相对独立的研究机构，而且能把北京的一些人请来帮助我们出出主意。"许书记很支持我。这就是中改院的前身。

1994年3月13—15日，向前来视察的前国家主席杨尚昆汇报情况。

第二，诞生于一个特殊的时代背景。20世纪90年代初期，改革开放陷入了低潮。当时担任国家体改委主任的陈锦华意识到，中国要发展软实力，需要建立改革研究机构，来承担重大改革问题的责任。

第三，诞生于中国改革开放新的热潮中。1992年邓小平同志的南方谈话，解答了长期困扰人们的姓“资”姓“社”问题，坚定了改革开放的决心，掀起了中国第二次改革开放的热潮。中改院正好处于这样一个重要时期。

2. 以建言改革为己任

自1991年建院以来，中改院主动服务于党和政府的改革决策，在把握改革全局中直谏中国改革，产生了诸多“首次”“率先”的影响力。

1991年11月16—25日，中改院与国家体改委联合举办“全国体改系统社会保障制度改革培训班”。

仅有不到50人的中改院，至今已向中央有关部门提交改革政策和立法建议报告200余份；撰写改革调研报告500余份；先后承担100多项改革政策咨询课题；发表改革研究论文2000余篇，考察报告80余份；举办中国改革国际论坛84次。例如，中改院于20世纪90年代中期首次提出“赋予农民长期而有保障的土地使用权”；率先在21世纪初提出“从经济建设型政府向公共服务型政府转型”，并率先提出在我国推进基本公共服务均等化，“建立惠及13亿人的基本公共服务”；首次做出我国已开始“从生存型阶段向发展型阶段过渡”的重要判断；首次提出“第二次改革”与“第二次转型”；首次提出确立“从国富优先走向民富优先”改革发展导向；首次提出建设“海南国际旅游岛”；中改院建院第一天就提出“建立海南特别关税区”；等等。

这些富有前瞻性的观点、建议对我国改革决策产生了积极的影响：有的被决策层所采纳；有的被用作制定政策和法规的重要参考；有的在理论界基本形成共识，产生了广泛的社会反响，获得包括“五个一工程奖”“孙冶方经济科学奖”“中国发展研究奖”等在内的多个奖项。由此，有的专家称之为“改革研究基地”；媒体对中改院经验的评价是“中改院现象”。

3. 以问题为导向的行动研究

20世纪90年代，联合国开发计划署的官员就如此评价中改院：中改院是一个改革行动研究机构。中改院在这些年的长期实践中，形成了以问题为导向的行动研究路线，与其说是改革的学术研究，不如说是行动研究，即从改革现实问题出发，把握全局、研究趋势，给出基本分析和行动建议。

在我看来，中改院作为改革研究智库：第一，与一般的学术团体有联系，但是有所不同，不是主要做学术研究，而是建立在学术研究基础上做决策咨询服务。第二，以问题为导向的建设性行动研究，重点在于给出建设性、前瞻性、可操作的行动建议。中改院的价值源于改革研究的客观性、前瞻性和专业性，既不是政策决策的“诠释者”，也不是“批判者”，而是在客观、前瞻的研究基础上为改革政策决策服务的“建设者”和“推动者”。

2011年4月21日，全国政协原副主席陈锦华来院视察。

在改革开放迎来40周年之际，我们向国家有关部委提交了《释放内需的巨大增长潜力——加快完善社会主义市场经济体制的建议（24条）》，得到了有关方面的高度肯定；2017年3月，中改院形成《2020：赢在转折点的改革行动（30条建议）》，被列为党的十九大报告起草组参阅件；2015年，改革研究报告《转型抉择2020：中国经济转型升级的趋势与挑战》的总论被用作中共中央“十三五”规划建议起草的参阅件；2015年7月，受国务院办公厅委托，中改院承担“推进简政放权、放管结合、优化服务”相关政策措施落实情况的第三方评估工作，这是我国社会智库首次参与国事评估；2013年6月，提交的《改革跑赢危机的行动路线（30条建议）》，成为党的十八届三中全会《中共中央关于全面深化改革若干重大问题的决定》起草的重要参阅件。

当前，我国正处于全面深化改革开放的关键时期，新情况、新问题、新课题不断出现，迫切需要智库贡献其独立客观的思想和理性务实的行动建议。以直谏中国改革为己任，我与中改院的同事将以此作为自己不懈的时代责任和追求。

2009年11月15日，在“未来10年中国经济走向暨《影响新中国60年经济建设的100位经济学家》”座谈会上。

五　尽心履职谏改革

自2008年至2017年，我担任了第十一届、第十二届全国政协委员。以一名政协委员的身份，在人民政协的平台上尽心履职，为改革建言献策，我将这段经历视为宝贵的人生履历。

1. 十年：以问题为导向建言改革

这十年来，每次到全国各地参加研讨活动，主持人在介绍我是中国（海南）改革发展研究院院长之前，都会先介绍我是全国政协委员，这让我深感压力，更觉责任重大。特别是作为一名改革研究学者，我深感有责任为全面深化改革多建言、多发声。

这十年来，我向全国政协大会提交提案46份、口头发言9份、书面发言13份。对我而言，政协委员的身份太重要了。第一，给我一个很重要的平台，可以通过人民政协的平台和中央各有关部门直接沟通。第二，我收到一些提案，通过提案来处理一些问题。第三，依托“两会”，人大代表、政协委员们审议讨论经济社会中的重大现实问题，给我带来了很大的信息量。因此，我也将全国政协委员的身份和改革研究的本职工作紧密地结合在一起，我的改革研究工作为做好政协委员奠定了基础，而政协委员一职又为我履行改革研究者的职责和推动改革进程的目标，提供了一个十分重要的平台，我很珍惜这个身份。

2. 十年：五次人民大会堂发言

在每年的全国政协大会上，最受瞩目的就是各个政协委员的大会发言。在担任全国政协委员这十年期间，我有幸有5次被选为在政协大会上发言。这样的大会发言频率在全国政协委员中并不多见。每年可能只有三四十名委员有大会发言的机会，比率才1%～2%。我十分感谢人民政协平台对我的信任，这不仅是一种肯定，也是一种挑战，更是一份责任。至今回想起来，仍然让我十分激动。

记得2014年3月7日，根据大会安排，我在全国政协大会上做了题为《以发挥市场决定性作用为重点深化全面改革》的发言。结束时，我动情地说了一句："各位委员，我们有责任为推动这一具有历史性意义的全面改革尽心竭力。"演讲结束后，不少委员笑着说："老迟，你最后这句话很动情呀。"也有一些熟悉的委员对我说："你坚持研究改革30多年，在海南省待了27年，不容易！"还有的委员说："老迟，在全面深化改革的大背景下，你这个改革研究学者，就是要多讲讲，多发出点声音。"我想，这是大家对我的一种鼓励。作为研究改革的学者，需要在这方面多争取这样的机会，多发表建议。

在政协履职的10年，也是我30多年来从事改革研究的一个侧影。我的目的很明确，就是为这个时代最有价值的改革事业做一点努力，做一点贡献，这也成为我这一生的价值追求。也许正是有了这个明确的价值追求，尽管经历了一些风雨，经过了一些过程，但还是努力坚持下来了。我今后还会为了这个价值追求更坚定地做下去。

2016年，中改院建院25周年的“全家福”。

迟福林学术自传

目录

壹

建言农村改革

——赋予农民长期而有保障的土地使用权

我从20世纪90年代初开始关注农村改革，并在杜润生主任的鼓励和支持下，先后多次到农村调研。中改院主持召开若干次农村改革的研讨会，包括国际论坛，杜润生主任至少参加过4次以上。

20多年来，我与中改院的同事就农村改革向中央有关方面提出数十份改革建议。有的被直接采纳，有的被作为决策、立法的参阅件。我认为，目前农村改革仍有某些重大问题尚待实质性破题。例如，如何实现农村土地使用权物权化？如何使农民工成为历史？如何让城乡二元户籍制度退出历史舞台？由此看来，实现农村改革的新突破，仍需要解放思想，放宽政策，大胆探索，加快推进城乡一体化进程，使农村改革在完善社会主义市场经济体制、扩大我国内需中发挥重要作用。

一 赋予农民长期而有保障的土地使用权被党的决议直接采用

土地是农业最基本的生产资料，也是农民最可靠的保障。土地问题不解决，农村生产力的解放，农业发展与农民增收也就无从谈起。特别是在20世纪90年代初，全国大部分土地承包期限15年即将到期的背景下，如何在第二轮土地承包中把中共中央关于“集体土地实行家庭联产承包制度，是一项长期不变的政策”具体化，尽快实现农村土地使用权长期化，并且采取有效措施切实保障农民的土地权益，有效稳定农民预期，对我国的农业发展乃至整个社会的稳定都具有决定性作用。在此背景下，1995年，我与中改院的同事向中共中央提交了《关于深化农村经济改革建议（60条）》，提出要尽快落实延长土地承包合同的政策，通过立法明确土地使用权的长期化，使农民建立起对土地投入的良好的收益预期。这一建议引起中央有关部门的高度重视。

1996—1997年，我主持研究中改院“农民土地使用权”课题，成立了由我牵头的课题组，并进行了多次农村调研。在此基础上，我院于1998年初形成建议报告。在党的十五届三中全会召开之前，向中央有关部门递交了《尽快实现农村土地使用权长期化的政策建议》，其中的一个核心思想是实现农民土地使用权的长期化、物权化、资本化。这份建议在起草中共中央十五届三中全会通过的《中共中央关于农业和农村工作若干重大问题的决定》（以下简称《决定》）时起了重要参考作用，其中“赋予农民长期而有保障的土地使用权”被全会《决定》原文采纳。我认为，由于多种因素，农民土地使用权的物权化、资本化至今尚未实现实质性破题。

1. 赋予农民长期而有保障的土地使用权至关重要

（1）为什么建议农民土地使用权长期化？由于对家庭联产承包责任制适应性和生命力的认识产生分歧，以及利益驱动引发的实际操作中的偏差，事实上家庭联产承包责任制在一些地区不稳定地运行，甚至发生蜕变。从我们的调研来看，家庭联产承包责任制出现的矛盾问题表现在以下几个方面。

——自20世纪80年代中期以来便产生了对家庭联产承包责任制能否适应现代社会化大生产的怀疑，并且逐步发展成为改变所谓“规模不经济”“土地分割零碎”“狭小的土地与现代化生产不适应”等矛盾的现实行动。于是，在“适度规模经营”的过程中，某些地方出现了土地“归大堆”、统一经营的倾向。

——土地承包期限短而不确定，中共中央关于稳定家庭联产承包责任制的有关政策没有完全有效地得到执行。大多数地区农民土地使用权没有书面合同或者没有在合同中具体描述。当时抽样调查表明：仅仅有13%的受访农户有承包土地的书面合同；不到1%的农民有土地使用证；有些地方确实有书面合同，但合同的内容相当不完备，无论是从法律上还是技术上都很粗糙。

——因人口变化对土地进行的周期性调整极大地侵犯了农民的土地使用权。调查表明，从1978年以来，农民承包的土地已经平均调整了3.01次，至少有60%的村庄和农户经历过土地调整。

——从所谓规模经营的需要出发重新回归传统的农业生产集体经营，使承包制发生蜕变。与此同时，农民土地使用权益还要受到乡村权力人物随意“中止合同”“集体出让、租赁”“收回土地使用权重新高价发包”等多种形式的侵害。

（2）为什么提“有保障的土地使用权”？我们调查发现，土地权利的期限、广度和确定性是影响农民是否对土地进行长期投资的关键因素。相对短的土地使用权，权利范围较广并且有保障，也可以促进农民对土地进行更多的投资；相反，即使土地使用权的期限（名义上）很长，但是缺乏保障而且权利的内容较少，也不易引导农业投资增长。如果赋予农民土地永久使用权，把土地使用权由单一的耕作权扩展到事实上的占有、使用、收益、分配和有限的处分权，并且用制度和法律保障其权利，有超过85%的农户愿意接受土地使用权长期化的制度安排，并热心于对土地进行长期投资。

从当时全国的实际情况看，国家、集体、农民之间的分配关系未理顺，农民负担过重，土地收益严重流失，直接影响了农民经营土地的预期。在没有权益保障的情况下，规定土地承包期限的长短意义不大。上述情势使农民对中央再延长30年不变的政策产生了疑虑，土地制度变革的前途不明朗，影响了农民的预期。如果不对农村经济体制尤其是土地使用制度进行彻底改革，长期稳定和保障农民的土地使用权，有可能由此而加剧农村经济发展的各种矛盾，对此应当要有清醒的认识。

我国法律规定："农村和城市郊区的土地，除法律规定属于国家所有外，属于农民集体所有。"但是属于哪一级集体成员的边界多大？集体所有者包括哪些权利和义务等却不是很清楚。集体土地产权主体不明而导致了土地产权的不完整，其中最具实质意义的土地处置权及相当多的收益权都掌握在各级政府手里。这是导致农民对土地使用权存在不稳定感和对土地长期预期不足，并由此而引发其他一系列问题的重要因素。

2. 建议尽快赋予农民长期而有保障的土地使用权

截至1998年，我国农村土地承包责任制已经基本稳定地运行了16年。少数地区在这16年中确实没有调整农民承包的土地。并且，在全国一些地区正在开展30年、50年、70年不变的试验。更重要的是，当时正处于全国大范围开展第二轮土地承包的重要时间节点。因此，我们建议，“以第二轮土地承包为契机，因地制宜，采取多种形式，实现向土地使用权长期化的稳步过渡”“实行农民土地使用权长期化，首先必须准确界定农村集体土地的产权主体”。如何使农民土地使用权长期而有保障，当时的主要观点包括以下几个方面。

（1）实行土地使用权长期化，对农户土地承包经营权要有足够的年限和保障，至少50年，甚至70年、100年保持不变。鉴于农村许多改革试验区试行土地承包经营30年、50年不变的成功经验，可以考虑将“70年不变”的政策引入农村土地承包经营中，生产周期长和带有开发性质的项目和土地，承包期可“100年不变”。这样做，可以彻底消除农民的顾虑，大大提高农民长期投资的积极性。

（2）因地制宜，采取多种形式，实现向土地使用权长期化的稳步过渡。

——如果广大农户有强烈的要求，且各方面条件又比较成熟，也应当允许在30年不变的基础上再延长到50年或70年不变；对于还未展开第二轮土地承包工作的地区，凡基本条件成熟，都应当支持和鼓励实行土地使用权长期化制度，制定并签订相应合同，实现一次到位；对于全国许多试点地区，凡是符合土地使用权长期化政策的试点方案，都应维持不变。

——允许不同类型土地实施不同的承包期限。比如基本农田实行50年期限，山坡地实行70年期限。

——允许不同地区实行不同的土地承包期限。例如中西部欠发达地区由于非农就业机会较少，需要实行更长期限的土地承包制度。

——对于地区差异较大的地区，允许在“30年不变”的前提下，实行“一地两制”，在地区内部实行不同的承包期限，有的农村可以30年，有的也可以50年或70年。

（3）以改革和完善农村土地产权制度为中心，对农民土地使用权长期化进行制度性安排。

——建议将村民小组（生产队）界定为农村集体土地的产权主体。已经属于村民委员会或村内两个以上集体经济组织的，其所有权也可以授予行政村（生产大队）。并且在国家法律（如《中华人民共和国土地管理法》）中予以体现。在操作中应健全土地所有权的法律形式，通过县级人民政府登记造册，核发证书，确认其所有权并得到法律保护。同时，赋予村民小组以相应的管理权，特别是签订土地合同、监督合同实施，并且获得土地所有者收益的权利。

——明确产权主体的权利与义务。比如农户承包土地交纳的地租（承包费）也应归还给产权体，并且规定土地收益主要用于农田水利等基础设施建设投资。与此同时，按权利和义务对等的原则用制度和法律规定村民小组作为产权主体的义务。比如：为村民提供产前、产后、产中服务；保护村民的土地权益，保证国家和集体税费收益；对本区域内的土地资源进行长久规划、开发和利用；组织社区成员进行农田水利基础建设，改善生产、生活条件；等等。

——根据一定规则对集体成员的边界予以确认。“集体”是一组动态的人的集合，其构成总在变化。我们建议在约定的租用期限内，集体内成员的边界应以签约时期的现实人口为主要依据，承认所有成员有平等占有和使用集体土地的权利。

1999年1月11—13日，主持召开由中改院主办的“中国实行长期而有保障的农村土地使用权国际研讨会”。

3. 从法律上赋予农村土地使用权的物权属性

实际上，中改院在向中共中央递交的两份建议中已经涉及确立农民土地使用权的物权属性及其立法问题。其中提出的“农民承包土地的使用权至少30年不变”“赋予农民土地使用权的物权性质”“应当给农民承包土地使用权的抵押权”等建议，在1998年修订《中华人民共和国土地管理法》过程中被用作参考资料；“农村土地承包30年不变”等也已被写入修订稿中。但从我们调研的情况来看，到2000年底，农村签订了30年不变承包合同的比例只占60.5%，未签订的高达37.7%。也就是说，广大干部群众对土地承包再延长30年这一政策还有一定的疑虑。在此背景下，赋予农民土地承包权物权属性，并以法律形式确定下来，就显得尤为重要。

1999年，我国开始起草《中华人民共和国农村土地承包法》。当年，全国人大农业与农村委员会副主任委员、《中华人民共和国农村土地承包法》起草领导小组组长柳随年到中改院调研并征求专家意见。调研期间，我向他详细介绍了我们对农民土地使用权的想法，如“稳定农民承包权，必须在延长土地承包期限的同时，拓展和延伸使用权的范围”“承包经营权已经成为一种新的物权，应当用法律的形式予以固定”，柳随年表示十分赞同。2002年，中改院召开“中国农民土地使用权法律保障国际研讨会”，柳随年到会发言。他提出“土地承包经营权视为物权，至少30年不变，承包期内不得调整承包地，承包方不得收回承包地，土地承包经营权可以依法转让、转包、入股、互换等，可以依法继承”。但在立法最关键的时候，柳随年不幸离世。赋予农民土地使用权物权属性最终也没能被写入《中华人民共和国农村土地承包法》。当时我们的主要观点有以下几个方面：

（1）赋予农民包括抵押权在内的土地使用物权。法律确认农民土地使用物权，从层次上说，是将政策和有关规章已经认可的农民通过承包获得的土地实际占有、利用、收益和包括在承包期内继承、转让、转包、入股、交换、出租、联合经营等处分权在内的使用权上升为法定权利，使“农民土地使用物权”符合“法定主义”原则；从内容上说，就是赋予农民土地使用权的抵押权。给农民承包土地抵押权能充分扩大农村内需市场，对于实现农业和农村新阶段的战略任务具有极为重要的意义。

（2）用法律规定农民承包的土地使用权至少30年不变。虽然国家领导人和农村经济发展政策文件中都明确了“30年不变”。但我们认为，这些有利于农业和农村经济发展的政策和“讲话精神”应上升为法律上的权利，关键是要用“农民土地承包使用期限至少30年不变”的法律语言予以确认和强化，并且应该规定，承包合同到期以后承包者可以依法延续承包关系。

（3）严格限制至少30年土地使用期内承包土地的调整。在30年不变的承包期限之内要不要调整土地是一个非常敏感的问题，中央政策提倡“增人不增地，减人不减地”，也允许“大稳定，小调整”，但如何调整又没有明确的规范，亟须立法予以界定。我认为，在当时的条件下，采取严格限制下的土地小调整是比较稳妥的。

（4）对土地使用权流转和土地市场做出规定。农民土地使用权流转已经事实存在并且大量发生，国家法律应支持和保护农民土地使用权依法、自愿、有偿流转，应该界定农地使用权流转的原则，比如不改变农地所有者权属关系，不改变农业用地性质等；界定土地使用权流转的形式，如转包、转让、入股、互换、租赁、继承、拍卖等；界定土地使用权流转的程序；界定土地使用权流转的交易市场规则包括土地地力的评估和定价。

（5）非耕地开发利用和管理应该纳入农村土地使用权法。

——非耕地的开发利用要纳入土地利用总体规划，与基本农田保护政策相配套，以保证耕地面积总体动态平衡和新增农业人口基本生活来源为原则，制定严格的开发利用和控制政策。

——非耕地资源的配置应坚持效率优先、兼顾公平，可以考虑的具体措施是：在社区内部采用竞价承包；对外可采用定价招标、社区内成员优先等办法。

——改革开放初期为鼓励农民开发非耕地尤其是“四荒地”所采取的“谁开发、谁所有”的做法必须终止。

——县域经济发展过程中，利用土地资源优势招商引资等做法必须规范，集中连片对外承包非耕地资源须征得2/3村民或代表同意，并履行报批手续。限制低价格、大面积、长期限、强制性承包、租赁、拍卖集体非耕地的做法。非耕地资源必须有一定的蓄养。

4. 继续呼吁尽快落实农民土地财产权

我曾于2013年、2014年、2017年三次向全国政协提案，建议尽快从法律上赋予农村土地使用权的物权属性，从法律上把农民土地纳入财产权法律保护范畴，尽快落实农民土地财产权等。

为什么我要再次呼吁这件事情？因为从当时农村土地领域暴露出来的一系列新问题来看，都与法律尚未赋予土地使用权完整的物权性质直接相关。例如，农村征地强拆、补偿标准过低等问题，深层次的原因在于农村土地实际上为债权而非物权，农民难以成为征地中的谈判主体；农业产业化、规模化经营受制于农村土地交易市场发育滞后；由于农村土地和宅基地的物权性质不完整，农民难以通过承包地和宅基地流转，带着资本进城，由此导致人口城镇化严重滞后等。此外，虽然党的十八届三中全会《中共中央关于全面深化改革若干重大问题的决定》提出“赋予农民更多财产权利”，但就如何将其进一步具体化还未破题。党的十九大报告指出“经济体制改革必须以完善产权制度和要素市场为重点”。我认为，农村土地制度改革的新突破，就是要把农民土地使用权真正物权化。当时的主要观点有以下几个。

（1）改变农村土地承包权流转限于集体成员内流转的相关政策规定。

——农村土地承包权限于集体成员内流转，土地价格不可能反映市场均衡价格。市场经济中，交易范围越小，成交价偏离均衡价越远。由于集体成员卖者多，买者少，购买能力有限，故而土地卖出方的财产利益不可避免地受到损害。

——农村土地承包权限于集体成员内流转，容易形成新的“地主”。限定交易范围，压低交易价格，农村土地容易向少数农村有钱人集中。

——在政策上突破农村土地承包权只能在集体成员内部

流转的规定。这样，才能在提升农村土地价值、严格保护农民土地使用权的同时，吸引社会资本进入农村农业。落实中共十八届三中全会提出的“允许农村集体经营性建设用地出让、租赁、入股，实行与国有土地同等入市、同权同价”的精神，建议尽快修改相关法律法规，在严格农村土地用途管制和规划限制的前提下，赋予农民土地使用权物权性质。

（2）在法律上明确农民土地的物权属性。

——明确农民土地用益物权主体地位。按照《中华人民共和国物权法》的规定，用益物权是指用益物权人对他人所有的不动产或者动产依法享有占有、使用、收益的权利。建议在《中华人民共和国土地管理法》第二条中增加一款“赋予农村土地使用权人的土地用益物权，使其拥有对土地使用权依法享有占有、使用、收益、继承的权利”。

——从法律层面落实土地承包关系保持稳定并长久不变。《中华人民共和国土地管理法》第十四条规定“土地承包经营期限为三十年”，建议修改为“实现农村土地（耕地、林地、鱼塘等）承包关系稳定并长久不变”；研究土地承包关系长久不变的具体实现形式；以农村土地承包经营权登记试点为契机，解决“地证不符、四至不清、位置不明、簿记不全”等问题，为土地承包由合同管理向物权化管理转变创造条件，进一步加强对农村土地承包经营权的保护。

——农民土地统一确权颁证。由政府统一推进覆盖所有土地资源的确权、登记、颁证，确认土地所有者和土地使用者的土地权属关系，由此保障土地财产权、提高土地交易便捷程度。

（3）从法律上赋予农民长期而有保障的土地使用权。

——从法律上赋予农民土地使用权的完整产权。从法律上赋予农民对宅基地使用权用益物权性质，赋予其占有、使用、收益、转让、抵押、继承的完整权利。

——打通城乡资本、土地和住宅市场双向流通，推进乡村房地产与城市国有房地产两个市场接轨。建议改变目前以成员资格无偿分配的制度，不能再无偿取得，使宅基地真正成为商品；改变转让限于本村成员内的相关规定，赋予农民宅基地及其房屋所有人以完整的物权。

（4）打破城乡建设用地市场分割，统一城乡用地市场。

——建立两种所有制土地"同地同价同权利"的平等制度。改变同一块土地所有制不同导致权利不同的格局，赋予集体所有土地与国有土地同等的占有、使用、收益和处分权，对两种所有制土地所享有的权利予以平等保护，实现宪法和相关法律保障下的同地同权。建议在《中华人民共和国土地管理法》第九条中增加一款"县级以上地方人民政府应当组建、改革或调整形成供需竞争性的城乡统一的土地市场，并打破土地要素的地域限制，允许在更高层级和其他地域的土地市场上出租交易等，同时可形成全国和几大区域的土地交易市场，电子平台、供需挂牌、价格撮合、政府监督，实现土地资源主要由市场配置；同时也给予城乡自然人和法人以处置自己物权更大的权利，允许协议出租和转让等"。为农民土地使用权的流转提供法律依据和制度保障。

——打破地方政府行政独家垄断供地的格局，实现不同主体平等供地。从改革实践看，由地方政府独家垄断供应土地，既不利于保护农民土地权益，又不利于抑制城市房价过高。这就需要建立公开、公正、公平的统一交易平台，明确交易规则，保障不同市场主体权利平等，让市场供求关系决定价格形成，形成“同一交易平台、不同主体平等供地”的局面。只要符合相关法律，遵守交易规则，政府、农民集体、国有土地用地单位等，都可以在统一的土地交易市场从事土地交易。

——简化农村土地承包权流转程序。《中华人民共和国土地管理法》第十四条规定，“在土地承包经营期限内，对个别承包经营者之间承包的土地进行适当调整的，必须经过村民会议三分之二以上成员或者三分之二以上村民代表的同意，并报乡（镇）人民政府和县级人民政府农业行政主管部门批准”。对此，建议修改为“农村土地承包人可依法自主决定土地承包权流转”，以提高农村土地承包权流转的便利性。

二 建议把“让农民工成为历史”写入国家“十二五”规划

农民工是我国经济社会转型时期形成的一个规模庞大的特殊群体。改革开放以来，这个“特殊群体”为工业化、城市化做出了历史性巨大贡献，但却难以公平分享改革发展成果。例如，2006年，农民工享有的基本社会保障水平只有城镇居民的25%。更重要的是，在我国发展阶段发生历史性变化的背景下，农民工对公共服务的需求全面快速增长。从现实看，加快转变经济发展方式，无论是推进城市化、城乡一体化，还是解决城乡差距、贫富差距，都绕不过“农民工”这个坎。正是在这个背景下，我在2009—2011年连续三年向全国政协提案，建议把“让农民工成为历史”列入国家“十二五”规划，争取“十二五”末期，最晚到2020年应当让农民工成为历史。

1.“让农民工成为历史”具有全局影响

为什么说“让农民工成为历史”具有全局影响？在2008年中改院举办的一次国际论坛上，我讲了三句话：第一，当“80后”和“90后”成为农民工主体的时候，传统依靠以农民工为主体的劳动红利还能维持下去吗？第二，在全球需求萎缩的背景下，还维持着想用压低劳动力价格，维持农民工这样一个特殊群体来支撑经济发展，有可能吗？第三，如果再往后十年，不解决这个问题，它不仅仅是一个经济问题，更是一个严重的社会问题，甚至是政治问题。因此，我在2011年向全国政协提交的一份提案中提出“农民工市民化具有全局性意义，应当成为‘十二五’改革发展的约束性目标”。

（1）农民工市民化有助于形成消费主导的格局。农民工市民化可以将2.3亿人的潜在消费变成现实需求。目前农村外出从业劳动力约1.5亿人，假定其中的20%变成市民，其消费水平达到城市居民平均消费水平，以2008年消费水平来计算，新增的城市消费规模能促进经济增长率提高近1

个百分点。

（2）农民工市民化有助于加快新型城镇化的进程。农民工市民化不仅有助于提升农业规模和生产效率，也有利于城市服务业的发展。更为重要的是，农民工市民化将释放巨大的“质量型”人口红利。

（3）农民工市民化有助于社会稳定。特别是新生代农民工，面临城市生活、工作压力以及相关制度障碍，使得他们普遍处于“进退两难”的境地，导致社会不稳定因素增加。从根本上解决农民工市民化的问题，有利于维护社会稳定。

2.“让农民工成为历史”的时机条件总体成熟

2008年，我第一次提出“让农民工成为历史”的时候，有人问我，农民工能成为历史吗？我反问一句，农民工不成为历史行吗？况且，实现农民工市民化既有很强的需求，又有现实条件，争取最晚到2020年应当让农民工成为历史，是一个完全可以实现的目标。我的主要分析有以下几点：

（1）农民工市民化已成客观趋势。现实情况表明，农民工不仅已成为城市产业工人的主体，而且也是城市新增人口的主要来源。尤其是1亿左右的新生代农民工在经济社会发展中日益发挥主力军的作用。

（2）农民工市民化的财政实力初步具备。近年来我国财政实力大幅增长。2005—2009年财政收入增长3万多亿元，2010年国家财政收入将突破8万亿元。并且城镇的各项社会福利制度正在进行一系列的改革，住房、社保等正逐步由国家、单位、个人共同承担，国家对城镇的财政负担正在减轻，而且新进城居民可以创造更多财富，扩大税收，增加财政收入。

（3）农民工市民化的相关政策进展明显。“十一五”时期，城乡基本公共服务均等化有了明显进展。预计“十二五”时期，无论是在政策创新上，还是在基本公共服务均等化程度提高上，都会有重要突破。这将为实现农民工市民化提供重要条件。

（4）从实践来看，发达地区有望率先取得突破。长江三角洲、珠江三角洲是农民工最集中的地区，这些地区已经开始着手解决农民工问题。比如，广东实行积分落户的政策已有了比较好的效果。

3. 把“让农民工成为历史”作为城乡一体化的突破口

在我看来，农民工既涉及农村，又联系城市。解决农民工市民化问题，既是城乡一体化的焦点，也是统筹城乡发展的重点，应当把“让农民工成为历史”作为重要的突破口，着力破解城乡二元的户籍制度、基本公共服务制度和土地制度。让农民工成为历史，就是要实现农民工与城镇居民身份要平等、机会要平等、发展要公平。在向全国政协的提案中，我就如何让农民工成为历史提出了五点建议。

（1）以落实农民工就业落户政策为突破口，放开城乡二元户籍限制。建议分两步走：第一步，“十二五”前三年实现中小城镇户籍制度全面放开；第二步，“十二五”后两年实现大城市户籍制度基本放开。“十二五”末期，把农民工“暂住证”改为“居住证”，实现农民工在全国范围内的自由流动和统一管理。

（2）以农民工市民化为突破口，推进城乡基本公共服务均等化进程。尽快出台全国统一的农民工基本公共服务相关政策，保障农民工无论在什么地区就业，都能享受到与该地区户籍居民大致相同的基本公共服务。重点解决农民工子女的义务教育问题和建立农民工基本社会保障制度。例如，考虑通过实行义务教育全国通用的教育券制度办法解决农民工子女义务教育问题。国家为每位义务教育阶段的学生发放教育券，农民工子女可以凭教育券在全国任何一个地区就学，国家按照学校提供的教育券进行财政拨款支持。

（3）以创新农民工土地制度安排为突破口，统筹推进城乡土地一体化。建议"十二五"创新农民工土地制度安排。一方面，尽快剥离土地社会保障功能。应当叫停诸如"土地换社保"等各种不合理做法。尤其是在农村土地得不到物权保障、不能抵押贷款的情况下，不能硬性要求农民工以放弃土地权利为代价来获得城市基本公共服务。另一方面，切实保障农民工的土地收益权。在符合城乡土地规划的前提下，统一建立完善农民工土地使用权的转让、出租、抵押、入股的相关制度安排。

（4）把"让农民工成为历史"作为政府的约束指标。建议"十二五"时期明确规定50%的土地收益要用于包括农民工在内的住房保障，并建立符合农民工实际需求的住房公积金制度。

（5）尽快建立农民工市民化的成本分担机制。有研究表明，每转变一个农民为城市市民需要成本约10万元。这一成本超出了一级政府所能承受的范围，农民工市民化需要明确政府与企业、区域间的成本分担机制。第一，建立中央地方农民工市民化的成本分担机制。第二，建立流入地和流出地的农民工市民化成本分担机制。第三，鼓励社会资本参与农民工市民化。第四，企业要承担劳动保障成本。第五，农民工要承担市民化的生活成本。

4. 以公共资源均衡配置为重点大力发展中小城镇

这些年来，在调研中国内外公共资源配置的过程中，我感受到了明显的差异。在国内调研中我发现，我国特大城市和大城市的人均道路面积、每万人拥有的公交车数量、图书馆和影剧院数量、三甲医院数量、重点高校数量等公共设施指标，都远远高于中小城镇。我在德国考察时发现，德国几千人口的小镇也拥有均等的区域交通、通信、供电、供水等基础设施网络，其60%的人口、80%的中小企业分布在2万人口以下的小城镇中。在我看来，目前，我国大量农民工即使无法获得与城市户籍人口同等的公共福利也争相涌向大城市，不愿意在中小城镇落户，主要原因在于不同规模、不同等级城市之间的公共资源配置严重失衡。如果实现均衡的公共资源配置，农民工完全愿意在中小城镇聚集。因此，在向中央相关部门提交的一份建议中，我提到，“十三五”有序引导农业转移人口向中小城镇集聚，重要的是解决政府公共服务资源的配置与行政级别脱钩问题，把更多的发展权下放到基层中小城镇，加大对中小城镇公共资源投入，让农业转移人口在小城镇愿意生活、能够生活、充分就业、有能力买房。

三　让城乡二元户籍制度退出历史舞台

从我国城镇化的特点来看，规模城镇化的特点比较突出，而人口城镇化严重滞后。例如当时的数据显示，尽管我国规模城镇化率超过50%，但人口城镇化率仅有35%左右。因此，我在2012年提出要“明确人口城镇化的转型方向”。2013年，在中改院出版的《改革红利：十八大后转型与改革的五大趋势》一书中，我将人口城镇化评价为释放内需最大的潜力。2013年3月，在全国政协“积极稳妥推进城镇化，着力提高城镇化质量”提案办理协商会议上，我提出，推进规模城镇化向人口城镇化的转型，争取到2020年，人口城镇化率超过50%，而实现这一目标关键在于以户籍制度为重点的体制机制创新。2014年、2015年，我在多个场合呼吁建议尽快实现规模城镇化向人口城镇化的转型。当时，有人说：“中央领导讲人的城镇化，你怎么与中央领导的提法不一致？”在我看来，人的城镇化是方向、目标，如果没有形成人口城镇化的大格局，怎么会有全面的人的城镇化呢？

2016年、2017年，我连续两年向全国政协提案，呼吁建议以全国城乡统一的居住证制度取代城乡二元户籍制度，让城乡二元户籍制度成为历史，以居住证制度取代城乡二元户籍制度。

1. 人口城镇化是我国转型发展的最大红利

当时，大部分学者仍然坚持巨大的投资需求是我国的最大优势。但我并不完全赞同这一观点。在我看来，人口城镇化的重要突破，并由此带来巨大的消费与投资需求是我国的最大优势。因此，2013年，我在“中国城镇化与企业家论坛”上提出了“人口城镇化是我国转型发展的最大红利”的观点。

（1）人口城镇化是扩大内需最大的优势。人口城镇化承载着释放内需潜力的重大使命。初步估算，到2020年我国消费、投资需求规模可能高达百万亿元。如果这个巨大的内需潜力能够得到充分释放，将成为我国经济未来10年中速增长的强力支撑，对世界经济再平衡将是一个重大贡献。

（2）人口城镇化承担我国转变经济发展方式的重大使命。例如，通过北京的雾霾问题可以看到，环境问题给社会带来了严重影响。人口城镇化将进一步促进工业转型升级。发展低碳经济是人口城镇化的必然要求。

（3）人口城镇化承载城乡一体化的重大使命。客观地说，建设新农村的投入不少，但总体看成效不明显，并且难以持久。一个重要原因就在于没有把城镇化的因素综合考虑在内。通过城镇化拉动城乡一体化，应当成为城镇化建设的重大任务。

2. 释放人口城镇化内需潜力的关键在于破除城乡二元户籍制度

在论坛上，我举了两组数据说明这一观点的正确性。以消费为例，当时我国城乡居民消费差距为2.72:1，将近三个农村居民消费才相当于一个城镇居民消费。如果城乡二元户籍制度实现重要突破，人口城镇化速度能明显提高，并使进城的农民工享受城镇人口的公共服务和公共设施水平，其消费水平大体达到城镇居民的平均水平，将释放巨大的消费潜力。农民只进城务工，人均消费支出将提高171%；但如果农民进城务工并且成为市民，人均消费支出将提高214%①。初步测算表明，1.3亿～1.5亿新增农业转移人口如果能顺利实现市民化，到2020年有望释放至少5万亿元的潜在消费需求。

再以投资为例。未来10年，如果城乡二元户籍制度实现重要突破，到2020年，我国人口城镇化率完全有条件达到50%以上，将再增加2亿农民进入城镇，加上现有的1.6亿农民工，新增城镇人口将达4亿人左右。按较低口径，农民工市民化以人均10万元的固定资产投资计算，也能够增加40万亿元的投资需求。

3. 把2020年作为让城乡二元户籍制度退出历史的时间节点

从2015年开始，我国在深圳等部分地区开始试行居住证制度，此后试行范围不断扩大。我认为这是让城乡二元户籍制度退出历史舞台的最佳时机。所以在2016年、2017年向全国政协的提案中，建议明确将2020年作为城乡二元户籍制度退出历史舞台的时间节点。同时，针对调研中的问题，我建议，深化户籍制度改革，不能把“暂住证”换个名变成“暂时居住证”，也不能长期实行户籍制度和居住证制度“双轨

① 根据中国人口和计划生育委员会流动人口服务管理司《中国流动人口发展报告2012》及《中国统计年鉴2012》相关数据测算。

制”，而是要积极创造条件，到2020年让城乡二元户籍制度退出历史。

之所以连续两年建议，原因是那时我国改革开放已经近40年了，已实现由工业化初期到工业化后期的历史跨越，二元户籍制度带来的经济社会矛盾问题日益凸显。最后，人口城镇化本身是拉动消费、拉动投资的一个最重要的载体，规模城镇化向人口城镇化的转型，人口城镇化再向人的城镇化的转型，这是一个发展的大过程，加快推进人口城镇化进程，不仅对我国释放内需潜力具有重大作用，而且对投资结构、产业结构等升级都具有重大影响。

从现实情况看，尽管国家出台了一系列文件推进户籍制度改革，但总的来看，并未明确“以全面实行居住证制度取代城乡二元户籍制度”的改革目标，也未明确到2020年即全面建成小康社会时，基本完成户籍制度改革的任务。为此，我在2017年向全国政协提案中写道，“让城乡二元户籍制度成为历史，是推进城乡一体化、扩大内需的最大潜力；让城乡二元户籍制度成为历史的时机条件成熟；与农村土地制度三权分置改革相结合深化户籍制度改革面临重要机遇”。为此，建议把2020年作为让城乡二元户籍制度退出历史的时间节点。

4. 以居住证制度取代城乡二元户籍制度

在2017年向全国政协的提案中，就如何使居住证制度取代城乡二元户籍制度提出了自己的4点考虑：

（1）把全面实施居住证制度作为深化户籍制度改革的

重大目标。建议从中央层面下决心，着力推进居住证取代城乡二元户籍制度进程和省际居住证制度的相互衔接，到2020年基本建立以身份证号为唯一标识、全国统一的居住证制度，并使人口城镇化率（即居住证率）超过50%，由此基本形成人口城镇化的新格局。

（2）进一步完善全面实施居住证制度的条件。一是逐步扩大为居住证持有人提供公共服务和便利的范围，提高服务标准，使“居住”与“福利”挂钩。二是通过构建国家财政、农民工自身收入、土地财政和国有企业分红以及社会资本参与的成本分担机制，形成以解决“三个1亿人”问题为重点的财力保障机制。三是尽快落实“全面实施城乡居民大病保险制度”“整合城乡居民医保政策和经办管理”等改革举措，为“十三五”以实施居住证制度为目标推动城镇常住人口基本公共服务均等化创造有利的政策条件。四是完善信息科技手段，为推行居住证制度提供技术保障。

（3）重在加快推进三个转变。一是由对人口的控制向对人口的服务与管理转变，构建现代化的社会治理体系。二是按照“扩大覆盖范围、降低申领门槛、提高服务水平、完善技术手段、推进制度并轨”的基本思路，实现由城乡二元户籍制度向居住证制度的转变。三是由治安部门的管理向人口服务部门的管理转变，探索建立以民政部门为主，由公安、统计、卫生、工商、教育、社保部门共同参与的人口综合服务管理系统。

（4）加快推进配套制度改革。从各地实践看，由于配套制度改革滞后，缺少全国统一的政策指导，各地居住证制度差异较大，影响其实施效果。为此建议：一是尽快出台《居住证暂行条例》实施细则，明确全国范围实施居住证制度的具体管理办法。二是强化中央政府在基本社会保障服务中的责任，尽快实现由中央统一标准，并以流动人口变动为基础，建立财力与事权动态匹配的中央地方财税体制。三是到2020年基本实现“实际全覆盖、保障基本需求、城乡制度统一、转移续接无障碍”的城乡统一的社会保障制度。四是从法律上赋予农民长期而有保障的土地财产权，让农业转移人口带着土地财产权进城。

贰

建言国企改革

——从国有企业到国有资本

国企改革伴随着我国40年改革开放全过程。应当说，国家有关部门出台了不少国企改革的文件，国企改革也的确在某些方面有重要进展。但总体来说，国企改革在一些关键领域，如混合所有制改革、垄断行业改革、布局调整等方面，还没有重要的实质性突破。究其原因，我认为，这主要与从“管资产”向“管资本”转变方面的认识不一、行动滞后相关。

正是基于这个考虑，从20世纪90年代初我开始关注如何从“管资产”向“管资本”过渡的问题。例如，1993年，我先后发表了题为《把国有资本推向市场》《从国有企业到国有资本——关于建立现代企业制度的一种主张》的两篇文章，比较早地系统提出了国有企业向国有资本过渡的改革思路。今天看来，当年提出的国有资本的概念，与党的十八届三中全会提出的“以管资本为主加强国有资产监管”的思路是相符的。

一　20世纪90年代初提出由国有企业转向国有资本

1993年1月，我在《新世纪》杂志上发表《把国有资本推向市场》一文，首次提出了“国有资本”的概念。这篇文章发表以后，有人质疑说这会造成国有资产流失，不利于巩固社会主义基础。在我看来，国有资产的实物形态转化为价值形态，是按照等价交换的原则进行的，国家收回了同等价值的货币资本，拥有价值形态的资产所有权，国家并没有失去这部分资产。更重要的是，很多国有企业当时明明是亏损的，也不敢采取拍卖、兼并、破产等果断举措，如果继续以这种状态存在下去，久而久之，又会是一种什么样的结果呢？这能叫巩固社会主义基础吗？因此，我在这篇文章中提出，在社会主义市场经济条件下，国有资产的增量越大，社会主义公有制的基础就越牢固，这是问题的实质。

此外，在《把国有资本推向市场》一文中，我还表述了对国企改革重要作用的认识，文中写道：在当时整个改革大环境下，企业改革不只是微观改革，实质上牵涉到整个宏观改革，是个全系统配套的问题。企业改革要从根本上触动传统经济体制，就要把国有企业现存的国有资产推向市场，由此带动从单纯地搞活国有企业，进而发展到搞活国有资本。因此，我从20世纪90年代初到现在，一直在呼吁国企改革要从国有企业走向国有资本。直到党的十八届三中全会《中共中央关于全面深化改革若干重大问题的决定》提出“以管资本为主加强国有资产监管”，由国有企业转向国有资本开始成为我国深化国企改革的基本导向。

1. 提出把国有资本推向市场

1993年，《人民日报》关于国有企业经济效益的报道提供了几个数据：同样投入100元资金，国有企业仅创造利润2.7元，而乡镇企业所创利润比国有企业高1.12倍；与此相比，国有企业1985年资金利润率是13.89%，1992年下降到2.7%；1984年的利润总额是738亿元，1992年减至535亿元。

我在《从国有企业到国有资本——关于建立现代企业制度的一种主张》中写道，除了国家垄断的个别行业、个别项目以外，都要采取国有资本的管理形式。

（1）在市场经济条件下，公有制的主导作用主要表现在国有资产在市场经济中的竞争力。从当时的情况来看，要真正确立公有制的主导作用，需要认真解决两个问题：第一，不要单纯地追求公有制企业的数量，而要追求效益量；第二，追求效益量，归根结底是国有资产的效益量。

（2）把国有企业推向市场是一个大胆的决策，但首要的关键在于把国有资产推向市场。如果能够按照市场经济的要求，寻找国有资产在市场经济中的活动方式，随之而来对企业的管理就会大大发生变化。

（3）把国有资产推向市场有两个重要内容：一是实现对国有资产由实物管理向货币化管理转变；二是对国有资产由经营单一化向多元化竞争经营转变。

（4）把国有资产推向市场的关键是彻底转变政府职能，建立管理、投资、营运三者分开的国有资产管理的体制。

2. 实现国有企业向国有资本的根本性转变，从总体上搞活国有经济

1993年底，我在《新世纪》杂志上发表了《从国有企业到国有资本——关于建立现代企业制度的一种主张》一文。在这篇文章中我详细阐述了我国国企改革为何要由国有企业向国有资本过渡。我认为，国有企业改革，首先不是企业自身问题，或企业内部机制问题。国有企业改革的核心，应当

归结为搞活整个国有资本。只有搞活国有资本，解决国有资产的整个管理体制和运营机制问题，才有可能搞活国有企业，解决企业内部的经营机制问题。

（1）现代市场经济的中心问题在于搞活资本，追求资本所带来的利润最大化、价值最大化、效益最大化。这是市场经济的基本规律。国有资产是整个社会经济中最庞大的资本，对国民经济具有举足轻重的影响。国有资产在市场经济中怎样搞活，怎样保值和增值，怎样发挥其经济和社会效益，这是社会主义市场经济面临的一个重大问题。

（2）按照市场经济的要求，应尽快将国有资产转化为国有资本。

——市场流通化。国有资产在资本市场和资产市场上，进行充分流动，实行产权的转让和重新组合，按照市场竞争规律进行运营，实现资源配置的最优化。

——价值最大化。国有资产在市场流通中，寻求最大的货币价值量，实现经济效益的最大化。

——营运独立化。国有资产在市场上进行独立的营运，营运的主体是企业法人。

——管理间接化。一般应通过资本终结运营机构实行直接管理，保证国有资产得以在市场上自主运行，不受行政直接干预。

（3）实现国有资产向国有资本的过渡，必须对国有企业实行严格的成本核算。一些仍然需要国有企业重点承担的社会职能，可以运用经济手段进行调节，原则上应取消政策垄断，让非国有企业在适当范围内参与经营和竞争。例如，对基础设施建设，既可允许非国有企业一定程度地介入，又可对包括国有企业在内的所有介入者采取公开的综合经济补偿政策等。对少数国有企业执行政策性任务和社会义务，可以采取相应的办法，专门核算其付出的成本并予以补偿，也可制定“公共盈利率”指标，同利润率指标一起作为考核和奖惩的依据。

3. 从国有企业转向国有资本，要求从根本上改变传统的所有制概念

从单纯地搞活国有企业，进而发展到搞活国有资产，从国有企业的概念，转变为国有资本的概念，这是从传统计划经济向市场经济过渡的一个质的飞跃，是建立现代企业制度的根本性问题，也是建立社会主义市场经济体制的一个核心问题。国有经济应主要在关系国计民生的领域进行控制和经营，对于一般性的行业和产业，国有经济应当也完全可以通过与非国有经济共同发展、公平竞争，在质量、效益和竞争实力上发挥主导作用。对此，我们应当有一个清醒的、深刻的认识。

二 建立以股份制改革为主体的现代企业结构

对股份制改革的理解来自我在海南的具体实践。通过我在海南参与的改革实践来看，股份制是国企改革一条可行之路。为此，中改院于1992年在海口市举办了全国及海南股份

制改革人才培训班，为我国培养了最早一批股份制改革规范化运作人才。后来，有人把它称为股份制改革的“黄埔一期”“黄埔二期”。我与中改院的同事先后完成了《从整体上搞活国有经济（20条建议）》《利用资本市场加快国有企业战略重组（20条建议）》《以国有大型企业为重点，积极稳妥地推进股份制改革（22条建议）》等一系列建议报告，在推动全国国有企业股份制改革方面起到了一定作用。

1. 推行海南股份制改革试点

建省之初，海南的企业规模都比较小，发展水平不高，大部分企业处于亏损状态。如何尽快成长起一批与大特区开放发展相适应的企业，成为当时海南改革发展面临着的重大课题。在国家体改委的支持下，海南的股份制改革在全国创下了多个第一：国内第一家民营上市公司是海南新能源股份有限公司；国内第一家股份制航空公司是海南航空股份有限公司；在1992年至1993年上半年，深圳异地上市公司只有9家，海南就占了4家；北京法人股交易系统开始只有10家，海南就有5家。可以说，股份制改革在海南经济发展起步阶段发挥了重要作用，对推动全国股份制改革也起到了积极的促进作用。

（1）实现海南的股份制改革从试点工作到全面铺开。1990年12月，由我担任主要负责人的省体改办向省委、省政府提交了《建议加快海南股份制改革试点的报告》（琼研字〔1990〕33号），报告提出五条主要建议：一是要尽快成立一个由省政府主管领导牵头，相关部门负责同志参加的股份制改革联审领导小组；二是要尽快颁发股份制改革试点意见，省体改办当时提交了《关于我省进行股份制改革试点的若干意见》；三是分步推进股份制试点，可先进行股份制改革试点；四是进一步完善试行股份制的基本规则；五是要对现有的股份制企业进行清理和认证。

1991年4月5日，海南省股份制试点领导小组及其工作机构——联审办公室成立，领导小组全面负责全省股份制改革工作的统一领导和规划，以及对企业股份制改革的联审工作。领导小组确立后，海南省开始进行规范化的股份制改革试点，先后批准设立了5家股份制有限公司，股本总额为4.54亿股。1992年，股份制改革试点工作全面铺开。同年3月，省体改办提出了《关于加强海南股份制改革试点工作的几点意见》，提出尽快推开和完善企业内部职工持股的股份制试点，积极推进法人持股的股份制试点，积极稳妥地搞好向社会公开发行股票的试点等。1992年4月9日，省体改办提出《关于海南向社会公开发行股票的意见》，吸引了许多企业纷纷申报股份制试点，还有内地股份制企业来海南设立分公司。截至1992年12月31日，全省有86家企业申报股份制试点，当年已批改制的20家企业普遍经营业绩良好。

（2）批准“海航”搞股份制。今天看，海航在航空方面做得很大。可是，海航当初起步的时候是非常困难的。1991年，省里咬着牙从只有两三个亿的省级地方财政盘子中拿出1 000万元，筹建海南航空公司。用海航董事长陈峰的话说，这1 000万元连一个“机翅膀”都买不到。怎么办？出路在哪？

1992年初，负责筹建海南航空的陈峰找到我，要求申报股份制改革试点。这个请求，给我出了一个大难题。因为当初国家明令禁止航空公司搞股份制。到底该怎么办？召开会议讨论这件事，肯定通不过。没办法，我深夜打电话给在京开会的刘剑锋省长。电话里，刘省长十分明确："权力在你手里，你掂量着办。"我深知刘省长对此事的态度。于是，我对省长表态："如果出了事，完全是我的责任。"就这样，当天夜里，我签署了批准海南航空进行股份制试点的文件，并且破格批准海航以1:20的比例（当时海南存量与增量控制的比例是1:1.3）发行股票。海航正是用这2亿元租赁了3架波音737飞机开始起步的。我多年前去海航参观，看到我签发的这份文件放在海航的展览室。当时，陈峰当着大家的面说，老迟给海航插上了"翅膀"。也不知道，今天海航做大了，还记不记得这些故事。

（3）5家股份制企业申报异地上市。1992年6月9日，省政府办公厅印发《关于调整省股份制试点领导小组及明确其职责的通知》，对省股份制试点领导小组组成人员进行了重新调整，由省长刘剑锋担任组长，我是副组长之一，同时领导小组办公室设在省体改办，由我兼任领导小组办公室主任。1992年6月13日，省长刘剑锋签发了《海南省人民政府关于我省股份制试点情况的报告》，要求进一步规范海南的股份制试点工作，做好股票异地上市的工作。1992年6月16日，省体改办提交了《关于我省5家股份制企业申报异地上市的报告》，后来海南5家股份制企业陆续在深圳上市；省人代会又颁布了地方立法《海南经济特区股份有限公司条例》；1992年10月，省股份制试点领导小组办公室制定了《海南省定向募集型股份有限公司股权证发行管理暂行办法》。由此，海南成为当时在全国范围内，对职工股权证实行统一托管的唯一省份。

2. 举办股份制改革人才培养的“黄埔一期”“黄埔二期”

1992年5月7—21日，全国体改系统第一次规模较大的股份制实践研讨班在中改院举行。国家体改委副主任高尚全、海南省省长刘剑锋和常务副省长鲍克明，国家体改委委员傅丰祥、孙效良和国家体改委生产司司长孙树义、处长李小雪、宏观司副司长许美征等同志到研讨班做了重要讲话和授课。来自国家体改委有关方面的负责同志和中央党校、北京大学、中国证券交易研究中心等单位的专家和学者王珏、肖灼基、王波明、李小雪等为学员授课。学员来自全国各省、自治区、直辖市、计划单列城市和股份制试点企业共140多人。

当时，股份制实践研讨班的主题集中在三个方面：一是学习和讨论了我国股份制改革实践中的若干重大理论问题；二是广泛交流和讨论了全国各地股份制改革试点的情况和经验，提出了股份制实践中的若干问题及建议；三是学习和讨论了全国各地股份制改革的法规、法则和有关政策以及股份制经济运作方面的专业技术知识。学员们希望通过这次研讨班，能进一步解放思想，大胆实践和创新，加速推进我国股份制改革实践。

研讨班气氛热烈，学员们畅所欲言、各抒己见，普遍认为，在加快市场化改革的背景下，国家体改委和中改院联合举办这样大型的培训活动，具有很强的针对性和现实意义，它将对全国股份制改革实践产生积极的影响。同时，在我国最大的经济特区举办股份制研讨班，对于宣传海南、促进海南改革开放和股份制改革实践，也具有重要的意义。

3. 以股份制改革为重点，从整体上搞活国有经济

从海南的实践来看，股份制改革尽管存在这样或那样的问题，但总体来说是成功的，对实现国有企业向国有资本过渡、整体上搞活国有企业具有明显效果。例如，海南首批5家股份制企业异地上市后，不按上市价格算，只按每年正常的增值来算，这5家上市公司的国有资产平均年增值为128%。从全国的实际情况来看，当时已有700多家上市公司，但股份制改革触及国有企业改革中的产权制度问题，因而备受争论。在我看来，推进国有企业股份制改革，在实践与理论层面都是可行并有效的。正是在这一考虑下，我带领中改院的同事们先后完成了《从整体上搞活国有经济（20条建议）》《利用资本市场加快国有企业战略重组（20条建议）》《以国有大型企业为重点，积极稳妥地推进股份制改革（22条建议）》等一系列建议报告。应该说，当时的研究观点还是有一定超前性的。

（1）发展股份制经济是加快国有经济战略重组的重要选择，当前的重点是推进国有大中型企业的股份制改革。国有企业占用了约70%的社会存量资源，固定资产投资和流动资金贷款等流量资源占用比例更大，但其价值增加值、产值、赢利占整个国内生产总值的比重都远远低于70%；明

亏、潜亏的国有企业占国有企业总数的比重已分别达到45%和30%。实现国有经济的战略重组和结构调整，从整体上盘活国有资产存量，提高国有资本的运营效率是中国转轨时期最具全局性、根本性和紧迫性的重大问题。股份制是符合社会化生产规律的资产经营方式和资本组织形式，在中国经济转轨时期，大力发展股份制经济，不仅有利于解决国有企业的融资问题，更重要的是它是实现我国国有经济重组的重要出路。股份制首先是建立在产权清晰基础上的，有利于明确国有资产投资主体，有利于实现两权分离和政企分开。其次，股份制有利于实现国有资产存量和增量的优化组合，有利于建立有效的公司治理结构，提高国有经济重组和运营的效率。再次，股份制有利于形成以资本为纽带的现代企业集团，优化市场竞争主体结构。

（2）在加快国有企业的股份制改革中实现所有制结构的调整和完善。调整和完善所有制结构不是从公有制走向私有制，它实际上是要实现在单一公有制基础上的资产形态及股权结构的调整和优化。因此，在宏观层次上，除关系国家安全和国民经济长远发展，而又不宜由非国有企业控制或民间无力兴办的战略产业外，在一般竞争性领域，不应当也没有必要强调和规定国有资产的绝对控股，在某些行业和部门可以减少国有经济比重，通过售股变现，扩大非国有资本的参与和取得可供国家机动支配的资金，用于急需的方面。在微观层次上，在现属国有独资企业中，要打破单国有股，实现多元法人股结构，在多元化的股权结构下，推动公司治理结构的改善。

（3）加快建立国有控股公司，着力培养国家“种子队”。第一，要以组建国有控股公司为突破口，重新构造国有资产的中介运营体系，来突破传统体制的束缚，大大推进企业结构的调整和企业集团的改造，组建新型的集团性企业。第二，国有控股公司作为专门从事国有资产经营的中介投资机构，应是独立的企业法人。第三，按照国有经济发展的内在要求，加快在重点产业组建国有控股公司。第四，组建国有控股公司，必须将传统的国有企业进行公司制改造，并保障企业产权的独立性。第五，建立国有控股公司一定要运用经济手段，而不能用行政手段，防止控股公司走到传统体制的老路上去。

三 完善公司治理结构，加快建立现代企业制度

党的十四届三中全会提出建立“产权清晰、权责明确、政企分开、管理科学”的现代企业制度。从当时的实际情况来看，我国由传统企业治理结构向现代企业公司治理结构过渡中，一些矛盾和问题相当突出。基于改革的实践需求，针对当时公司治理中的矛盾问题，我与同事们加班加点，研究完成了《完善公司治理结构，加快建立现代企业制度（30条建议）》。这份建议报告被中共十五届四中全会《中共中央关于国有企业改革和发展若干重大问题的决定》的起草组调用50份作为参考资料。这份建议的主要内容有以下几方面。

1. 建立现代企业制度的关键是建立和完善现代公司治理结构

合理的产权结构是建立公司治理结构的重要基础。要在实行国有经济战略重组中寻求建立公司治理结构的有效途径。

（1）发展企业交叉持股，实行股权多元化。可以考虑的方式有：第一，划分中央与地方所有。第二，实行机构持股或法人持股。无论是从我国经济转轨的经验还是从国际上由统制经济向市场经济的转轨实践来看，发展企业交叉持股是解决控制权过分集中的一个重要途径。

（2）规范和改善上市公司的治理结构。一是解决国家股的产权主体问题。没有一个真正对国有资产负责的持股主体，公司治理结构中就没有国家股东的地位，就很难使公司的行为符合国家作为所有者的目标。二是改变股权过度集中的状态，培育多种形式的持股主体。三是逐步统一股票市场，解决国家股和法人股的流通问题，完善所有者的控制权。

（3）试行“国家间接控股型”股份有限公司制，使国家对企业股份的控制间接化。建议在大中型国有企业实行股份制，股东对企业的权利和义务按所拥有股份的比例来享受和承担。国家不再直接控制企业股份。国家所有的股份交由足够分散的国有法人分别持有。

2. 依照《中华人民共和国公司法》建立和完善有效的公司治理结构

（1）依照《中华人民共和国公司法》（以下简称《公司法》）明确各方职能。一是股东大会必须切实履行公司最高权力机关的职能。二是根据董事会行使职权的需要和实践中提出的问题，完善董事会的组成和董事的行为准则。例如，增设累积投票制度，以使中小股东也有机会选出他们推荐的董事，实现公司董事会组成的多元化。三是强化监事会的监督力度。进一步扩大监事会职权，不仅应赋予监事会应有的职权，还应确认其应当承担的义务和责任。四是必须规范经理权制度。恢复经理的代理人身份，建立适合我国国情的经理权制度。

（2）公司治理结构应在法制框架内设计，不能搞法外运作。例如，国家股股权代表必须法定化，包括对国家股股权代表的来源、资格做出明确规定；法律应对董事资格、董事会的组成及其职能增加某些规定；以法的形式规范股东大会中的通信表决制度时，应充分考虑有效保护股东权益；在公司法规内完善股东提案制度，形成公司内部组织机构相互制衡。

（3）适时修改《公司法》。第一，现行《公司法》仅规定股东大会决议违反法律、行政法规，侵犯股东合法权益的，股东有权向人民法院提起要求停止该违法行为和侵害行为的诉讼。为保护股东合法权益，应将这一规定细化。第二，《公司法》应对董事资格股份条件做出规定，要求董事自被选任时起的一定时间内，必须个人持有一个最低数额的公司股，将其作为担任董事的资格股，董事在任职期间不得转让其资格股份。第三，在修改《公司法》中强化监事会职权。

3. 以解决“内部人控制问题”为重点，制定正确的约束机制和激励机制

（1）尽快改革政府主管部门对企业高级管理人员的任命制。对已改制的企业，要由董事会决定高级管理人员，要努力从三个方面使企业家的选择、任命、提升和淘汰做到企业化、市场化：一是对企业经理人员实行公开招聘、竞争上岗、择优录用，执行企业化工资制；二是将企业经理人员由党政机关考核改为由市场进行评判；三是注意发挥企业家竞争机制的作用，按市场的办法而不是按行政的办法使企业经理人员优胜劣汰。

（2）尽快解决企业家利益分配问题。一是依据《公司法》或制定相关法规，从制度上保证企业经营者个人收入与企业经营绩效挂钩。二是在确保企业商业秘密不被泄露的前提下，依法保证企业经营者参与持股，并使其持股收益合法化、透明化。三是出台相关的法律，保护企业经营者合法收益不被侵占。

（3）充分运用内外机制防范委托代理风险。一是如由多种形式的代理人来分享企业剩余利润，代理人也应取得部分剩余索取权等以增强企业的监督动力；二是努力实现对企业家管理的市场化和企业化。

4. 建立有效的公司治理结构，必须实行严格的政企分开

（1）在企业制度创新中实现政企分开。国有企业制度

创新应当努力做到产权清晰、权责明确、政企分开、管理科学。其要点在于：一是保障包括国家在内的所有者权益，使所有者对其投资的企业拥有最终控制权。二是企业拥有包括所有投资者投资和借贷形成的边界清晰的法人财产，依法取得独立法律地位，进入市场独立运作。三是政府不再直接干预。

（2）国有资产的管理运作机构应当从政府机构里分离出来。国资委把管理国有产权作为唯一的或最重要的职能，因而实质上是一个建立在商业化经营基础上的企业管理委员会。国资委的建立和运作可采取渐进的方式，以避免体制变动过大造成各方面关系不协调。可以设计一些过渡步骤，如国资委先管理一部分中央级国有企业（集团），数量逐渐从行政部门转换过来，转移速度视国资委的管理能力和所管理企业的业绩而定。

（3）政府应注重研究和总结公司法人治理结构规范运作。政府在引导国有企业深化改革时要特别注意：一是严格按《公司法》建立层次分明的人事管理体制，构建权责明确的管理体系。在公司内，要管事管人相一致。二是董事会成员与经理、副经理不能高度重合，一般情况下董事长与经理应分设。三是公司组织体制和领导体制，要严格按《公司法》运行，规定可以追究董事信托责任的董事会议规则和决策程序。四是在国家法律、法规范围内，公司董事会职权内决策的事项，政府不再干预和审批。

四 推进国有垄断行业改革

1999—2003年，我连续5年主持“基础领域改革”课题，重点研究电信、电力、铁路、民航等垄断性公共部门的市场化改革。中改院曾先后召开了5次国际论坛，先后共向中央有关部门递交了4份建议报告，10份研究报告，10份背景报告，7份赴德国、意大利等发达国家的调研报告。我们向中央提交的调查报告、研究报告和政策建议报告，在基础领域改革政策决策过程中发挥了积极的作用。

在第五次国际论坛的开幕式上，我发表了题为《处在十字路口的基础领域改革——我国基础领域改革下一步的五点建议》的主题演讲。为何要将当时的基础领域改革大环境概括为“处在十字路口”？主要是因为：一方面，我国改革开放，需要进一步深化基础领域改革，尤其是基础垄断性领域改革；另一方面，我国迫切需要深化基础领域改革以适应我国入世承诺及国际上对我国的要求。因此，我认为我国的基础领域改革已经到了需要尽快实现实质性突破的时候，否则不仅会造成投资的下滑，整个宏观经济形势及未来的改革形势也将受到重要影响。

1999—2003年，中改院连续5年举办基础领域改革国际论坛，每年的情况如下：

1999年11月1—2日举办了中国基础领域改革第一次国际论坛。结合当时我国基础领域改革的现状和实际需求，第一次论坛的主题设定为“打破垄断、引入竞争”，重点对基础领域竞争机制的建立、投融资体制改革问题进行讨论。会后，出版了《走入21世纪的中国基础领域改革》一书，我院向中央有关部委提交了《关于加快我国基础领域改革的若干建议（22条）》。

2000年11月1—3日以“中国非国有经济发展与基础领域改革”为主题召开了第二次国际论坛。这次论坛以非国有经济的发展和基础领域产业改革的现状为背景，重点讨论非国有经济参与基础领域改革的作用、时机、途径、政策和制度环境。会后，出版了《走向开放与竞争的中国基础领域改革》一书，我院又向中央有关部委提交了《促进非国有经济参与中国基础领域改革的建议（25条）》。

2001年10月22—24日又召开了中国基础领域改革第三次国际论坛，主题是“WTO·开放市场·反垄断”。这次论坛对加入WTO、开放市场与基础领域促进竞争及反垄断的有关内容进行了研讨。会后，出版了《走进WTO的中国基础领域改革》一书，我院再次向中央有关部委提交了《WTO条件下加快基础领域反垄断的建议（19条）》。

2002年11月2—3日，举办了第四次相关研讨活动“中国基础领域的下一步改革座谈会”。此次会议围绕基础领域的公司治理结构、支持民间资本进入基础领域的相关政策、基础领域的政策规制及基础领域的反垄断及其立法等议题，对当前及下一步基础领域的改革任务进行了研讨。

2003年10月17—18日，举办了以“新阶段　新抉择　新路径”为主题的中国基础领域改革第五次国际论坛。本次论坛集中对当时我国基础领域改革的进展情况、面临的主要矛盾及下一步的改革重点和方向等议题进行讨论。会后，中改院向中央有关部委提交了《我国改革新阶段，加快基础领域改革的建议（28条）》。

1. 我国基础领域改革处在十字路口

在第五次基础领域改革国际论坛上，我提出应客观评价我国基础领域改革的现状。我认为，我国当时基础领域改革仍处于起步和探索阶段。得出这一结论的基本依据有以下几点：

（1）我国基础领域改革严重滞后于经济市场化的改革进程。一是行政性垄断的基本格局尚未完全打破，远不适应我国市场化改革进程对基础领域改革的总体要求；二是基础领域的国有企业改革严重滞后，已成为下一步我国国有企业改革的难点和重点；三是政府监管制度改革滞后，除电力行业外，其他垄断性行业并没有建立独立的监管机构，监管职能分散在政府的相关部门，造成监管职能过于分散、责任主体不明，监管职能效益低下；四是我国已经颁布施行的《中华人民共和国反不正当竞争法》以及政府相关部门的一些法规，已不能适应基础领域改革和发展的客观要求。

（2）我国基础领域改革深层次的体制矛盾和问题依然相当突出。例如，到目前为止，铁路和邮政等行业仍然保持着政企不分、垄断经营的格局。虽然民航、电力、电信等行业进行了一定程度的分拆和重组，但基本上没有触及产权制度的基本格局，仍然是在国有产权框架内的局部调整。此外，对引入竞争机制也要做具体分析，总体来说基础领域的竞争机制还局限在分拆垄断企业的层面。事实证明，国有大企业之间的竞争比照过去是一个进步，但这是一个十分有限的竞争，不可能形成有效的市场环境。关键的问题还在于，由于尚未形成规范的准入制度，我国民间资本还不能参与基础领域的公平竞争。正如有的专家指出的，准入制度改革比分拆既有的垄断企业更为重要。

（3）基础领域改革作为完善社会主义市场经济体制的重要内容，还需要集中力量打“攻坚战”。十六届三中全会提出要完善社会主义市场经济体制，就基础领域而言，是政府主导，还是市场主导，能够在多大程度上实现市场配置资源，还有待于下一步的改革实践。今后，国有企业改革的“重头戏”最终还要在基础领域展开。就目前来看，虽然成立了电力监管委员会，但是政企不分、政监不分等现象依然存在。改革还要涉及方方面面的利益，解决我国基础领域发展的体制性障碍是一项复杂的系统工程。

2. 基础领域改革要坚持以市场化为基本导向

在向中央相关部门提交的4份建议报告中，我都明确地提出了如何以市场化为导向推动基础领域改革的基本思路。概括起来主要有以下四点：

（1）加快打破垄断、引入竞争机制是基础领域改革的重中之重。当前基础领域存在的问题很多，矛盾重重，如政企不分、产权不清、行业垄断、服务质量差、经营成本高、集团利益重、资源浪费严重、信息封闭、技术落后、设备老化、管理僵化等。垄断造成的经济低效的种种现象严重地存在于我国的基础领域。因此，解决基础领域各种矛盾的关键是竞争，竞争是反对垄断的力量，是保持消费者利益的最有效而且是唯一有效的手段。

（2）我国基础领域引入充分竞争的关键是尽快形成以市场为基础的价格竞争机制。随着市场经济改革的深入进行，基础领域价格管制应主要针对自然垄断性行业，而不是在一般非自然垄断性业务领域。

（3）政府管制应以维护有效竞争为前提。我国在过去被认为自然垄断的一些部门引入竞争，这是一重大进步。目前需要解决的突出矛盾是，一些行业中一部分业务带有自然垄断性特征，其显著的规模经济，直接的、过度的竞争，反而会导致浪费和低效率，出现消极的竞争结果，如电网、信息网、供水网、铁路网等物质网络经济，这些部门内部存在着竞争有限的问题。但是这并不意味着这些领域就不能引入竞争。在这样的部门引入竞争是为争夺市场而进行的竞争。通过拍卖机制，选择谁成为主要生产者，主要生产者一旦确立，市场潜在进入者的竞争压力和对正在市场上的供给者行为加以很强的约束机制，会促使现有生产供给者提高经营绩效，提高本企业信誉，提高竞争新市场的能力。政府管制是维护自然垄断性行业有效竞争的前提和基础。

（4）就基础领域的经济属性而言，可以划分为一般产品和公益性产品。经验证明，即使是公益性产品也可以引入市场机制。第一，可以采取企业化经营和特许经营的方式。事实上，城市公共事业采用企业化经营远比政府直接经营要好得多。第二，建立新的普遍服务提供机制和补偿机制。即使是公益性产品，政府也不宜长期作为直接投资者和经营者。有效的途径是，建立基础设施产品与服务的补偿机制，由此调动各方面参与基础设施建设的积极性。

3. 充分吸引非国有经济进入基础领域

我们认为，吸引非国有经济进入基础领域，是实现市场化的首要问题。具体建议有以下几点：

（1）要尽快地把基础领域的国有企业改革为国有控股或参股的股份公司。一是采取多种有效形式，深化基础领域的国有企业股份制改革。对于一些营利性的运输、通信、能源等基础产业的国有企业普遍地进行股份制改造，实行多种形式的产权制度改革。二是以国有资产管理体制的改革为契机，进一步理顺基础领域大型企业与政府的关系，真正做到政企分开、政资分开。三是在加快基础领域国有企业改革中建立严格的公司治理结构，依据相关法律和规定，建立企业经理人选聘、任用和考核制度。

（2）基础领域应当对民营资本全面开放市场。民营资本进入基础领域的主要障碍，不是资本规模上的障碍，不是民营企业经营能力上的障碍，而是市场准入上的障碍，是体制性的障碍。因此，应当尽快出台民营企业平等进入基础领域的法规文件。

（3）有效地发挥财政政策在基础领域股份制改革中的“乘数效应”。从实际情况看，以增发国债为主要内容的积极财政政策，已从防止经济下滑的短期政策演变成了投资大型基础设施建设的长期政策。各级政府长期作为基础设施的主要投资者，既妨碍公平竞争，又容易形成投资的低效益甚至是负效益。适应于基础领域改革和发展的需要，积极财政政策也面临转型，应当由政府直接投资转向对企业投资和对经营基础领域提供补偿基金。

4. 政府改革应当与基础领域改革同步进行

（1）以建立独立监管机构为目标，加快基础领域政府管制体制改革。第一，成立电信监管委员会，对信息产业部的电信监管职能和广电总局对广播电视的监管职能归口统一监管。第二，在铁道部体制改革的基础上，设立铁路监管委员会，履行对铁路行业的监管职能。第三，在电力监管委员会的基础上，成立国家能源监管委员会，统一负责监管电力、石油、天然气等各种能源行业。

（2）要加强基础领域的中长期综合规划。由于政企不分的体制局限，我国基础领域发展的中长期规划容易受到部门利益和企业利益的制约，并形成重视具体项目而忽视总体和中长期规划的倾向。基于对基础领域产品和服务公益性、安全性的考虑，在推进基础领域改革的同时，政府要积极发挥规划引导作用，要把基础领域的价格确定权等职能转给相应的监管机构，以有利于发挥政府宏观调控职能。

（3）加快立法，为基础领域的反垄断和有效监管提供法律规范和法律保障。例如，加快“反垄断法”的立法。

五 以公益性为重点调整优化国有资本配置

实际上，在对基础领域改革的建言中，已经初步涉及国有资本配置问题。例如，当时我们提出基础领域经济按照属性分为一般产品和公共产品。2012年，我向全国政协十一届五次会议提交了《以公益性为目标调整国有资本配置》的建议。建议以公益性为目标，调整优化国有资本配置。国有企业、国有资本追求的应该是公益性。这份提案得到了财政部与国务院国有资产监督管理委员会的答复。财政部认为，严格限制国有资本投资范围很有必要，逐步把国有企业的资源使用租金和利润分红纳入财政预算收入体系很有道理；国务院国有资产监督管理委员会认为抓紧制定相关法律法规很有必要，下一步将认真研究。当时的主要观点有以下几点：

1. 建议将营利性和公益性国有资产管理分开

当时，我国政府掌握的公共资源过多与公共产品短缺并存，很大程度上在于庞大的国有资本并未真正用于最急需的公共服务领域，使得公共服务型政府的建设目标难以实现。对此，我建议对公益性和非公益性国有资本进行分类管理。由国务院国资委统一管理非公益性国有资产，由财政部统一管理公益性国有资产。

2. 严格限制营利性国有资本投资范围

国有资本属全民资产，原则上不应与民争利，而应主要配置在公益性领域。与民营经济“非禁止即允许”的原则不同的是，国有资本投资非公益性领域应该实施“非允许即禁止”的原则。建议采用列举法界定国有资本可以介入的非公益性领域，制定国有资本产业投资目录，对营利性国有资本进行严格限定。

3. 逐步增大公益性国有资本的比重

建议制定提高公益性国有资本比例的约束性指标，制定严格的日程表，通过5年左右的努力，让国有资本从竞争性领域退出。并与事业单位改革相配套，投入到教育、医疗、社会保障、基本住房保障等社会公益领域中，解决公共服务投入面临的资金短缺问题。

4. 尽快制定出台国有企业支付国有资源使用租金和利润分红的法律法规

建议尽快修改《中华人民共和国预算法》，把国有资本收租分红明确纳入《中华人民共和国预算法》的范畴，逐步把国有企业的资源使用租金和利润分红纳入全口径财政预算收入体系。对《中华人民共和国预算法》第十九条中预算收入的第二条，由“依照规定应当上缴的国有资产收益”改为“使用国有资产的国有企业依法上缴的资源使用租金和利润分成”。尽快制定《国有企业收租分红条例》，明确收租分红比例，建议在目前最高10%的基础上逐年递增，到“十二五”末期最高分红比例为20%～25%，为公共服务提供重要的财力保障。

六 提出劳动力产权，推行“劳者有其股”

在20世纪90年代初的改革研究中，我认识到，承认并实现劳动力产权是改革中调整利益关系的一个重大问题。为什么？从宏观层面来看，庞大国有资产的形成凝聚着广大职工的长期劳动贡献；从微观层面来看，企业财富的积累包含着企业家和职工的劳动价值。基于这一想法，我开始研究劳动力产权。我把劳动力产权概括为劳动者的劳动力要素产权，包括所有权、收益权、处置权等。凭借劳动力产权，广大劳动者不仅应获得基本的工资收入，而且在一定程度上凭借劳动、管理和技术等生产要素享受产权收益。因此，从某种程度上来说，确立劳动力产权是我对实现共享发展的一个理论探索。

我在20世纪90年代初发表了相关方面的言论和初步的研究成果。1994年5月，我在“中国经济体制改革研究会海口年会”上就曾提出股份经济发展中的六大产权问题，其中一大问题就是劳动力产权。也就是在这次年会上，我被选为中国经济体制改革研究会副会长，一直兼任到今天。同年10月，我在“中国国有企业改革国际研讨会”上发表了题为《中国国有企业改革中的劳动力产权问题》的演讲。我认为，在推进国有企业改革，建立现代企业制度中完全有可能把劳动力产权解决得更好。

在我看来，在股份制改革已经有了一定基础的前提下，实现劳动力产权的核心是推行“员工持股”。在当时的环境下，搞员工持股还面临着相当大的争论。有人批评说，“员工持股”是私有化。我和他们辩论：“我们企业都发展成这个状态了，怎么能调动职工的积极性，怎么能把企业做起来，就应该怎么做。而且职工自己拿钱买企业的股票、支持企业建设，怎么是私有化？与其说是‘化公为私’，用‘化私为公’来概括可能还更客观。”正是在这一考虑下，我支持并推动了海南椰树集团的职工持股工作。2018年6月，我的《劳动力产权论——实现共享发展的理论探索》一书也正式出版。

1. 20世纪90年代初提出劳动力产权

20世纪90年代初期，我提出劳动力产权，正是基于我国由传统计划经济向市场经济的转轨实践，基于共享发展的产权观和改革观。主要的观点是：劳动力产权与物质资本产权同等重要，都具有企业剩余索取权，都有参与企业利润分配的权利。承认并确立劳动力产权，既有利于避免传统计划经济时代“平均主义”带来的低效率，又能够有效防止“重资本、轻劳动”所带来的收入分配差距拉大问题。从制度上承认并实现劳动力产权，确立劳动者在推动国家经济发展中的主体地位，是我国完善社会主义市场经济体制、以人民为中心实现共享发展的一种实践探索。劳动力产权是实现共享发展的途径之一。

（1）劳动力产权的本质是人力资本产权。它是与物质资本产权相对应的概念。在市场经济条件下，产权并不仅仅局限于物质资本产权，还包括劳动力产权。所谓劳动力产权，是劳动者对自身劳动力的所有权、使用权、收益权、处置权等一系列权利。劳动力产权属于劳动者，依据劳动力产权，劳动者不仅可以获得工资收入，而且还可以获得资本增值收益，可以参与企业利润分配。

（2）劳动力产权的主要实现形式是“劳者有其股”。即按照劳动价值和贡献，把企业利润收入的一部分作为劳动者在本企业的股份，其所得份额由其工作时间、工作岗位、工作贡献等因素决定；通过劳动力产权获取的股份具有不可转让性、不可交易性、不可继承性①，并以此激励劳动者在企业长期做贡献。

（3）劳动力产权让广大劳动者能够分享企业发展成果。由劳动产生的企业剩余和剩余索取权，不应被资本所有者全部占有。承认劳动力产权，等于承认广大劳动者和物质资本所有者一样，可以获得部分企业剩余和剩余索取权，可以参与企业利润分享。

2. 确立劳动力产权形成国有企业长期稳定发展的机制

1994年，在“中国国有企业改革国际研讨会”上，我提出原有利益格局已经不适应向市场经济过渡的需要，企业内部矛盾出现明显化的态势。并由此提出劳动力产权的确立就是要通过协调企业和劳动者利益关系，形成国有企业长期稳定发展的机制。在我看来，“企业内部矛盾出现明显化”主要表现为以下三个矛盾。

（1）劳动者的利益与企业利益、国家利益的矛盾。国

① 迟福林：《当前确立劳动力产权至关重要》，《经济工作导刊》，1995年第7期。

有资产追求效益的最大化，企业追求利润的最大化，劳动者追求自身利益的最大化，这是市场经济条件下的必然现象。随着大锅饭分配体制被打破以及劳动力配置的市场化，劳动者会自发地流向自身利益最大化的岗位。由于多种因素的制约，目前劳动力的流动有很大的自发性，而且劳动力技术水平越高，人才的流动性越大，且出现高科技人才向一般管理岗位和劳动密集型企业流转的现象。这样，难免产生劳动者的利益同企业利益、国家利益的矛盾。提出解决劳动力产权问题，就是要解决劳动者利益同企业利益、国家利益如何长期地、合理地统一起来的问题，逐步形成国家、集体和个人的利益共同体。确立劳动力产权，把企业利润收入的一部分转移到企业职工的劳动力产权收益上，能有效地把职工的利益与企业的利益直接联系在一起，能有力地推动企业经济效益的提高。因此，劳动力产权本质上不是简单地把国有资产量化到个人，更不是实行私有化制度。

（2）短期利益与长期利益的矛盾。劳动力产权通过职工股份的形式，实现职工股份与企业的公共积累同步增长，能较好地解决个人收益与企业公共积累之间的矛盾。由于对职工增加了一块弹性大、与企业盈亏紧密结合的按股分红收入，改变了职工收入仅由刚性较大的工资性收入组成的格局。又由于股份分红把职工与企业利益连成一体，职工对企业的关切度高，强化了参与管理与决策的意识，职工与企业形成了命运共同体，从而能较好地解决短期利益与长期利益的冲突。

（3）货币资本投入与劳动力资本投入在利益分配上的

矛盾。长期以来，我们对企业经济效益的增长片面地理解为货币资本的投入，而忽视了劳动力资本的重要作用。货币资本与劳动力资本在投资回报上存在着相当大的差距，而悬殊的差距容易导致劳动者利用各种机会和手段追求短期的货币投资收入。随着现代社会化生产的不断发展，人力资本的作用日益突出。当前，企业管理层的素质和负责精神已成为影响企业效益的一个重要因素，特别是在企业的产权制度确立以后，管理者的作用会越来越重要。重视企业人力资本的作用，重要的是要重视和发挥企业管理者在企业发展中的特殊作用。提出和解决劳动力产权问题，要把企业管理层的劳动力产权问题解决得更好一些，这对企业的改革和发展是十分重要的。

3. 保障员工持股的普遍性、广泛性、利益一致性、合理的差别性

随着对劳动力产权与企业改革研究的不断深入，我意识到明确劳动力产权确立的基本原则在实际改革中至关重要。因此，在1996年6月，我发表了《经济转轨时期劳动力产权的确立》一文，系统阐述了我对确立劳动力产权原则的三点看法。

（1）确立劳动力产权要有最广泛的普遍性。无论是在国有经济还是非国有经济中，劳动力产权要包括广大劳动者。

（2）劳动力产权要充分实现利益的一致性。确立劳动力产权要兼顾国家、集体、个人三者的利益关系，并且要把长远利益同眼前利益紧密结合起来。这样，劳动力产权的确

立才有助于推动经济持续增长，保证社会主义公有经济的主体地位，保证广大劳动者在企业中的主人地位，使国有企业的发展建立在比较长远、可靠的基础之上。

（3）劳动力产权要有合理的差别性。劳动力产权的确立，是社会主义市场经济条件下分配制度上的一次革命，有效的激励机制将使人力资本与物力资本达到最优结合，发挥最佳效益，并将奠定企业长期发展的动力基础。同时，由于劳动力产权中劳动者所得份额由其工作时间、工作岗位、工作贡献等因素决定，有助于激发广大职工提高自身素质，强化人力资本的竞争性，使人力资本的作用得到更充分的发挥。

（4）确立劳动力产权必须坚持效率与公平的统一性。确立劳动力产权必须真正贯彻“兼顾公平，效率优先”的原则。劳动力素质的差异是客观存在的，应当承认这个差异并在劳动力产权收益上得到体现，绝不能复归平均主义的大锅饭。这才有利于激发劳动者的积极性，并极大地提高企业效益。

4.《劳动力产权论——实现共享发展的理论探索》一书出版

20世纪90年代初劳动力产权被提出时，国有企业改革和民营经济发展正处于关键阶段。当时，劳动力产权和职工持股开始作为改革中的重要问题被提出来做进一步研究探索。在这个特定背景下，我开始考虑将劳动力产权的相关研究成果成书出版。当时的主要观点是：劳动力产权是企业发展和财富创造的重要源泉，需要形成制度层面的激励；我国作为社会主义国家探索建立市场经济，需要从制度上承认并确立劳动力产权，实现“劳者有其股”，走向人民市场经济。那时，更多考虑的是，我国的改革需要构建什么样的产权制度、建立什么样的市场经济模式。21世纪初形成书稿后，我感到研究还不是很成熟，又难以拿出一段时间来修改，故书稿一直压着未出版，一晃十几年过去了。

直到2017年底，我同中国工人出版社的负责同志谈起此书稿时，他们敏锐地意识到，劳动力产权是探索共享经济的重大问题，也是广大职工关注的问题。他们提出可否在中国工人出版社将此书出版。我原想将当时的历史书稿做一点适当文字修改就予以出版，但是出版社编辑认为虽然书稿有较好的研究基础，但某些表达和引用的案例有局限性，建议结合现实再做一些重要修改。就这样，在中国工人出版社的支持和鼓励下，在我的同事的帮助下，我对原稿做了大量修改。

2018年6月，《劳动力产权论——实现共享发展的理论探索》一书正式出版。我认为，适应当前的新形势、新变化，劳动力产权是一个仍需深入研究的重大理论与实践课题。我国作为社会主义国家探索建立市场经济，需要从制度上承认并确立劳动力产权，实现“劳者有其股”，走向人民市场经济。

叁

建言政府改革

——由经济建设型政府向公共服务型政府转型

2003年，SARS危机爆发，暴露出我国公共服务体系中存在很多薄弱的环节，也反映出我国改革发展实践中的某些具体偏差。我们需要反思的事情有很多，需要做的事情也有很多。我认为这场SARS危机给中国改革敲响了警钟。在我看来，当时我国许多地区走的是政府主导型经济增长方式。这种增长方式往往以追求GDP增长速度为首要目标、以扩大投资规模为重要途径、以土地批租和上重化工业项目为突出特点、以资源配置的行政控制和行政干预为主要手段，在带来投资增长过快、投资—消费失衡、资源环境矛盾突出等问题的同时，还造成政府在市场经济条件下公共服务的缺位。

为此，由我主编出版了《警钟——中国：SARS危机与制度变革》一书。书中提出，改革要更多地关注民生问题，政府的主要职能是提供公共产品和公共服务。正是在这个背景下，我提出"政府转型，即由经济建设型转向公共服务型"的建议。我认为，政府需要由经济建设主体向经济性公共服务主体转变，由以GDP为中心向以制度创新为中心转变，由单纯注重经济增长向关注社会发展转变，即政府要成为经济性公共服务、制度性公共服务、社会性公共服务供给的主体。

从2003年以后，我沿着政府转型这一改革思路，对行政体制改革、行政权力结构调整等政府转型领域更深层次的矛盾问题开展研究，并提出相关建议。

一　从经济建设型向公共服务型的政府转型

2003年6月，我牵头的课题组向中央相关方面报送了《从“经济建设型政府”转向“公共服务型政府”的建议（14条）》。随后，在2003年7月12日，我在北京主持召开“建设公共服务型政府”座谈会。2003年11月29—30日，中改院又在海口召开“建设公共服务型政府——中国转型时期政府改革国际研讨会”。在这两次会议上，我系统地提出了从经济建设型政府到公共服务型政府转型的改革建议。2003年12月，中改院又向中央相关部门呈报了《加快建设公共服务型政府的若干建议（24条）》。

2003年7月12日，中改院在北京召开“建设公共服务型政府——中国改革形势季度分析会”。

2004年，我参加了温家宝总理主持召开的专家座谈会。在会上，我以调研中了解的情况为例，当面向温家宝总理建议：要加大公共服务支出在中央财政总支出中的总量与比例，特别是要逐年加大社会性公共服务的比重，政府要担当起公共服务方面的责任。2005年6月，我与我的同事合作完成的《加快建设公共服务型政府》获得了第十一届“孙冶方经济科学奖。”

2005年，中改院的建议报告《加快建设公共服务型政府》荣获“孙冶方经济科学奖”。12月5日，中共海南省委宣传部、省社科联召开“中改院获‘孙冶方经济科学奖’座谈会”。

1. 建设公共服务型政府是政府转型的基本目标

在《从“经济建设型政府”转向“公共服务型政府”的建议（14条）》中，我提出了对公共服务型政府的理解，主要的观点是：从经济层面上说，政府是为了纠正“市场失灵”，主要为社会提供市场不能够有效提供的公共产品和公共服务，制定公平的规则，加强监管，确保市场竞争的有效性，确保市场在资源配置中的基础性作用。政府不应该直接作为微观经济主体参与市场竞争或者依靠垄断特权与民争利。从政治层面上说，政府的权力是人民赋予的，政府要确保为社会各阶层，包括弱势群体提供一个安全、平等和民主的制度环境，全心全意为人民服务，实现有效的治理而不是统治。从社会层面上说，政府要从社会长远发展出发，提供稳定的就业、义务教育和社会保障，调节贫富差距，打击违法犯罪等，确保社会健康发展。

2. 传统的经济建设型政府难以为继

在调研与研讨中，我深刻地感受到以投资为特征的经济建设型政府难以为继，这也是我提出政府转型的原因之一。当时，我将这种“难以为继”概括为五大特征。

（1）造成投资过度。抑制投资过热是中央宏观调控的主要目标之一。实践证明，在抑制投资过热中，困难相当大。为什么？重要原因在于中央政府关于宏观调控的目标和措施与各级地方政府的实际行为之间不一致，甚至存在某些冲突。在政府主导型经济增长方式下，试图解决中央宏观调控与地方投资冲动过大之间的矛盾是十分困难的。

（2）产业结构不合理。当前，我国的第二产业明显高于世界平均水平，服务业的比例明显过低。服务业的世界平均水平大概是60%，而我国长期徘徊在35%～40%。另外，我国目前第二产业的增长率85%以上是由重化工业提供的，这也就是说，我国第二产业的高比例是建立在重化工业过快增长的基础上的。

（3）形成高增长、低就业的格局。在不合理的产业结构下，要解决充分就业问题比较困难，只能形成高增长、低就业的格局。目前，我国经济快速增长，但就业增长率却总体呈快速下降趋势。

（4）能源的供求矛盾日益突出。一方面，能源消耗超前增长，而且增长的势头逐步增强。另一方面，资源对外依存度在逐步加大，资源消费超前增长。在国际市场，只要是中国需要进口的产品，那么，这种产品必然会提价。原因是我们国家资源的对外依存度加大，相应地对国际市场的影响也会增大。

（5）环境污染问题越来越严重。政府主导型的经济增长常常建立在高耗能、高污染和过度开发的基础上，就必然造成环境生态的恶化。

3. 建设公共服务型政府

什么是公共服务型政府？公共服务型政府的主要职责何在？这两个问题是政府官员、媒体记者问我的两个主要问题。有领导甚至跟我讲："迟院长，政府不以经济建设为中心那还叫政府吗？如果政府不以经济建设为中心政府吃哪碗饭？政府哪来的钱？"我认为，公共服务型政府重在扮演好三大公共职能。

（1）政府要扮演好经济性公共服务主体的角色。要形成一个"好的市场经济"，首先需要使权力从干预微观经济中解脱出来，割断权力与微观利益的链条。这就要求政府主动从充当建设的主体、投资的主体的角色中退出来，转到为企业和经济中长期发展提供经济性服务上来；从具体利益中超脱出来，转到全面转型与改革的领导上来。

（2）政府要扮演好社会性公共服务主体的角色。所谓社会性公共服务，就是政府要为社会发展和社会利益均衡制定及实行更多体现人文关怀的社会政策，实行有效的社会管理。

（3）政府要扮演好制度性公共服务主体的角色。从当时的实际情况看，我国经济社会相当多的突出矛盾与问题，尤其是政府自身建设中的矛盾与问题，都与制度性公共产品短缺、相关领域体制改革与制度变革滞后直接相关。加大制度性公共服务供给，确立政府在制度性公共服务供给中的主体角色，是政府转型的基本要求。

二 推进以政府转型为主线的行政体制改革

我在2006年前后，相继提出以政府转型为主线推进行政体制改革的一系列政策建议，对相关决策发挥了一定的参考作用。

1. 建议将“加快行政管理体制改革”写入政府工作报告

2006年2月6日上午，温家宝总理在国务院小礼堂主持召开经济社会领域专家学者座谈会，重点讨论政府工作报告和

"十一五"规划纲要草案。我在这次座谈会上建议将"加快行政管理体制改革"写入政府工作报告，并建议"及早组织力量研讨'十一五'时期行政体制改革总体方案"。温家宝总理当场表示，报告中改革的分量要进一步加强，关于改革的内容不要吝惜笔墨。我们很高兴地看到，无论是当年的政府工作报告还是"十一五"规划纲要中，都用较大篇幅叙述"行政管理体制改革"，并明确"加快转变政府职能是深化行政管理体制改革的核心"。

2. 建议以行政管理体制改革为重点推进全面改革

（1）推进新阶段行政管理体制改革。2008年3月9日，在全国政协十一届一次会议上，我以《推进新阶段全面改革的三点建议》为题做了大会发言。在对这次发言修改补充时，我将第一项内容改为"以新的思想解放，推进新阶段的行政管理体制改革"，并提出"以行政管理体制改革为重点推进全面改革"。这次发言受到国内外媒体的广泛关注。为何要提这一观点？我觉得，行政管理体制改革不仅涉及政府转型及公共服务领域的问题，也涉及经济发展方式转变等一系列问题。

（2）客观判断我国全面改革的新阶段。我在2007年的一份研究报告中提出，进入21世纪以来，从消费结构、产业结构、就业结构、城镇化率、社会结构的变化来看，我国实现了发展阶段的历史性跨越，其中一个重要的表现，我概括为从生存型社会开始步入发展型社会。在这个特定的发展阶段，全社会面临的生存性压力在逐步减弱，发展性压力在全面增强。

（3）要以行政体制改革为重点推进全面改革。我在一份建议中提出了自己的看法：同以往相比，新阶段行政管理体制改革的现实需求要大得多，迫切得多。例如，实现经济发展方式的转变，首先在于先通过行政管理体制改革，实现经济运行机制由政府主导向由市场主导的转变，为市场在资源配置中发挥基础性作用提供体制保障；推进以民生为重点的社会建设，重点在于先通过行政管理体制改革，确立政府在公共服务供给中的主体地位和主导作用，以强化政府的公共服务职能，提高政府的公共服务能力；解决腐败问题，重点在于先通过行政管理体制改革，从制度上制约权力与资本的结合，解决体制性、机制性的腐败问题，使权力得到正确行使；统筹中央与地方关系，其实质是通过行政管理体制改革形成一个合理的中央地方权力和利益格局，并建立与此相适应的财政税收体制和官员考核机制。

3. 以强化公共服务为目标推进行政体制改革

2006年5月17—18日，国家发改委联合世界银行在北京举办了“政府行政管理体制改革国际研讨会”。国务院有关部门和部分地方政府有关负责同志、国内有关专家以及来自俄罗斯等7个国家的官员和学者共100多人参加了会议。我在这次研讨会上发表了题为《以公共服务为基本目标的行政体制改革》的演讲，阐述了推进行政体制改革的研究建议。

（1）建立中央与地方的公共服务分工体制。目前，我国面临的最直接、最现实的问题，是切实解决人民群众日益强烈的公共服务的基本需求。为此，我们在讨论中央与地方行政层级的时候，不仅应当从一般的行政效率的角度来考虑问题，还应当从眼前最急需的公共服务方面出发来研究问题。

（2）公共服务体系建设与事业机构改革。事业机构改革，需要适应我国的基本国情和市场化改革进程的需求。在我国公共服务体系方案设计没有出台前，事业机构改革在实践中难免以“减少开支、缩减人员”为目标。若是这样，这个改革难以达到建立完善公共服务体系的新目标。相反，如果能够把事业机构改革置于整个公共服务体制建设框架下统筹设计安排，这项改革就有可能取得历史性成效。

（3）逐步建立城乡统一的公共服务体系。目前，城乡之间的差距不仅表现在经济发展水平和居民收入上，更反映在政府提供的公共医疗、义务教育、最低保障等基本公共产品上。就是说，城乡二元的公共服务体制，是城乡差距不断拉大的重要原因。因此，“十一五”时期，应当逐步从体制机制上解决城乡公共服务均等化的问题。

（4）积极稳妥地发挥社会组织在公共服务中的作用。面对我国全面增长和深刻变化的公共需求，政府不可能、也没有必要对社会性公共服务和社会事务实行全方位的直接管理，相当部分社会性和公益性的社会公共服务职能，应该也可以从政府的职能中分离出来，以形成多元社会主体参与提供公共服务的格局。

三　参与“放管服”改革成效第三方评估

2015年7月，中改院受国务院办公厅委托，承担“推进简政放权、放管结合、优化服务”相关政策措施落实情况的第三方评估工作。这是社会智库首次参与国事评估。这表明党和政府在提升国家软实力，在促进决策的科学化、民主化当中，已经把智库的作用提上来了。在广泛调研中，2015年8月15日，我带领我的团队共同完成《推动简政放权改革向纵深发展——关于“简政放权、放管结合、优化服务”政策落实情况的第三方评估报告》。这份报告提交后，得到了主要领导的高度评价。2015年9月16日，国务院总理李克强主持召开国务院常务会议听取汇报。我代表课题组就参与全国简政放权政策落实情况的第三方评估做简要汇报。汇报的主要内容有以下几个方面。

1. 监管转型滞后已成为深化简政放权的突出矛盾

（1）监管转型滞后的矛盾问题突出。当时的股市异常波动和天津爆炸事故，从不同侧面暴露了监管转型滞后的问题：监管理念变革滞后具有普遍性；监管体制改革尚未破题，监管的漏洞比较多；监管方式比较陈旧，社会参与监管严重不到位；监管立法滞后。

（2）监管转型滞后掣肘简政放权改革。虽然行政审批权下放仍有很大空间，但由于监管转型不到位，担心“一放就乱”成为政府部门进一步下放权力的主要顾虑。当时的一个突出问题是，“谁审批、谁监管”的传统思维方式，在实践中往往演变成了“不审批就不用监管”“要监管就要审批”。就是说，不把事前审批与事中事后监管严格区分开来，并形成事中事后监管为主的监管体制，简政放权改革很难向纵深推进。

（3）以监管转型为重点形成深化简政放权的现实路径。建议把监管转型作为深化简政放权改革的主攻方向，对现有监管体制进行总体设计和系统性重构，以此带动“含金量”更高、社会受益面更广、带动经济转型升级更直接的行政权力下放。

2. 深化监管体制改革是监管转型的关键

（1）完善包括专业性监管和综合性监管在内的监管体系，实现行政审批与市场监管严格分开。建议尽快形成完善监管职责体系的具体方案，为政府部门深化简政放权创造条件。第一，完善专业性监管，尤其是在金融领域要加强监管专业性。第二，完善综合性监管。在食品药品安全等更多领域采取综合性监管，形成宽职能的监管队伍。第三，行政审批与监管分离。一些需要保留审批事项的部门，应当成为科学规范、有效的审批部门，行政审批与市场监管在机构上严格分开。

（2）推行法人承诺制，形成以企业信用为基础的事后监管。对必须保留审批的事项，由监管部门向申请企业提供责任承诺书和审批要件清单，企业法人签署对材料真实性负责和对虚假材料承担责任的法人承诺书后，审批部门可当场或当天发放批件和许可证。事后，监管部门在规定时间内组织现场核查，如发现企业造假，再对其进行严厉惩处。

（3）全面实施企业自主登记制度。建议在实行“三证合一”“一证一码”的基础上，1～2年内实施企业自主登记制度，建立全国范围内企业自主登记注册网络平台。建议鼓励支持有条件的地方组织试点。

（4）适时取消企业一般投资项目备案制。为避免备案制转化为变相审批，建议除政府和国有企业投资之外，企业一般投资项目一律由企业依法依规自主决策，不再需要备案；民营企业投资，如不涉及公共资源，不再实施招投标。

3. 推进重点领域的监管转型

（1）推动金融监管转型是当务之急。无论是提振经济信心，还是加快经济转型升级，都有赖于一个健康、稳定的资本市场。近年来，金融创新倒逼金融监管转型的特点十分突出。当前，稳定资本市场不仅牵动经济转型，还涉及社会稳定。为此建议，尽快形成混业监管的制度性、机制性安排。

（2）以监管转型释放内需潜力。当前，国内消费需求低迷有一个收入问题，但更有消费品市场监管不到位的突出矛盾：不少消费者宁愿购买高价洋奶粉也不愿意消费价格低廉的国产奶粉。为适应全社会消费需求升级的大趋势，应由监管部门牵头，建立国家层面权威的第三方消费品溯源平台，形成统一标准，实现全程溯源，保证溯源数据信息的真实性和完整性。

（3）以服务业为重点推进垄断领域的监管转型。多年来服务业领域难以对社会资本放开，关键问题在于服务业领域的行政垄断没有真正被纳入反垄断的范围。随着服务业市场的壮大，反垄断对于保障服务业健康发展非常必要，建议：一是反垄断要常态化、制度化，对内外资企业平等监管，谁垄断就调查谁，不搞选择性执法，不偏袒任何一方；二是针对当前垄断行为都有行政文件，比如条例、规章或意见等依据，需要行政部门出台的相关行业政策、指导性文件需向反垄断委员会备案，并建立反垄断审查机构对其审查的机制；三是尽快对现行行政法规进行系统的反垄断审查，废除各类导致行政垄断的行政法规。

4. 加快推进市场监管法治化进程

（1）加快市场监管重要法律的立改废释。为使监管转型于法有据，建议以加快重点领域法律完善促进监管领域改革。第一，适应金融监管转型的现实需求，修改《中华人民共和国中国人民银行法》《中华人民共和国银行业监察管理法》和《中华人民共和国证券法》，形成混业监管的法律规范。第二，研究出台综合性的《市场监管法》，强化市场监管的权威性；修改《中华人民共和国食品安全法》和《中华人民共和国药品管理法》，实行最严格的食品药品安全监管制度。第三，将反行政垄断纳入《中华人民共和国反垄断法》，对国有垄断等相关监管内容进行清理、修改，使这些行业监管体现公平竞争。第四，以行政规章为依据的城管执法越来越被动，尽快出台《城市综合管理法》，提高城市管理的权威性。

（2）依法梳理和公布各级政府监管权责清单。与各级政府出台权责清单相适应，按照职权法定、高效便民、权责一致的要求，突出监管权责清单公开透明。第一，公布各级政府监管权责清单，使每项监管事项都能够落实到具体的监管部门。第二，公布监管部门权责清单，以公开化、透明化促进监管机构依法监管、规范监管程序。第三，对于无法律依据的监管部门一律取消，防止因过度监管增加企业负担和抑制市场活力。

（3）依法规范监管程序。要在各类市场监管法律法规中对监管程序进行明确界定和规范。由于我国没有一部“行政程序法”，监管程序缺乏上位法的依据，建议尽快制定出台“行政程序法”，并将监管程序的法律规范作为重要内容之一，对政府监管程序进行严格规范。

四　提出行政权力结构调整的相关建议

围绕政府转型、政府职能转变的行政权力结构调整始终是我关注的重点。早在1988年5月，中央就批准了海南“小政府、大社会”体制改革方案。我作为海南省体改办主要负责人，具体负责“小政府、大社会”改革方案的设计与实施。现在回过头来看，当时海南“小政府、大社会”体制改革，已初步体现出“大部制”的一些特点。通过这一改革，海南省属党政机构比原行政区减少25个，人员编制减少520人，与全国其他省（区市）相比，海南省属机构要少1/3～1/2。今天来看，海南的“小政府、大社会”体制改革探索，对推进以转变政府职能为核心的政府转型，仍然具有参考价值。

2008年，我在向全国政协提交的提案中建议，建立中央改革协调机构，以统筹协调各部门以及中央与地方的利益关系。这一建议得到中央机构编制委员会办公室的高度评价。2013年1月，《国务院机构改革和职能转变方案》出台前，我在温家宝总理主持召开的对政府工作报告稿征求意见的座谈会上提出，下一步的大部门制改革，要按照决策权、执行权、监督权既相互制约又相互协调的原则，把重点放在优化行政权力结构上。在当年的全国政协大会上，我做了题为《以政府改革带动全面改革的突破》的大会演讲，其中第三点提出“把优化权利结构作为行政体制改革的重点”，并提出了具体建议。

2015年1月26日下午，国务院总理李克强主持召开座谈会，听取专家学者和企业界人士对政府工作报告的意见建议。在这次座谈会上，我经过调查提出了“行政权力结构调整”的建议。李克强总理当场“布置作业”，希望我所在的改革发展研究院深入研究从中央政府到基层政府的权力结构。李克强总理在这次座谈会上提道：“如果连权力结构都没弄清楚，就给市场‘发号施令’，代企业规划，这是政府‘不该做的工作’，很多甚至可能根本就是讲空话！”

在这次座谈会后，我和我的同事加班加点完成了《面向2020年的行政权力结构改革（60条建议）》，并提出行政权力结构改革成为新阶段简政放权改革向纵深推进的关键和重点，在全面深化改革中居于中枢地位，牵动影响全局。这份报告中建议的“市场监管总局”“金融监管总局”“国家移民局”“国家监察委员会”等建议都在后续的机构改革中有所反映。充分体现出我们的研究与实际趋势是相符的。

1. 优化行政权力结构调整已成为政府改革的关键和重点

（1）经济、社会、治理转型升级倒逼行政权力结构改革。

——经济转型到了关节点，完善市场治理倒逼行政权力结构改革。经济转型不仅意味着传统经济结构的调整，而且意味着既有利益结构的重构。无论是经济增长保持中高速还是经济结构迈向中高端水平，都需要通过深层次的行政权力结构调整。

——社会转型处于临界点，创新社会治理倒逼行政权力结构改革。社会转型不仅面临着社会利益结构的深刻变化，而且面临着大量的社会矛盾和社会风险。这就需要通过深化行政权力结构改革，确保政府有效履行公共服务职责，并激发社区和社会组织活力，走出一条完善政府公共服务体系与创新社会治理有机结合的新路子。

——治理转型到了关键点，改善政府治理倒逼行政权力结构改革。政府治理的关键是从根本上遏制机制性腐败，加快推进行政权力运行的制度化、法治化，有效约束权力、监督权力、问责权力，“把权力关进制度的笼子里”。

（2）行政体制面临的突出矛盾与问题倒逼行政权力结构改革。例如，一些部委把主要精力放在管微观审批、管资源配置等繁杂的具体事务上，中长期战略规划职能比较薄弱；财政、货币政策在宏观调控中的作用还没有得到充分有效的发挥，宏观经济政策的稳定性、连续性亟待提高。此外，政府在市场监管职能与社会职能方面严重缺位，反映出行政权力结构和运行机制调整与改革的迫切性。

（3）政府改革向纵深推进倒逼行政权力结构改革。总的来看，不深化行政权力结构改革，即使下放审批权，地方也难以承接好、落实好。例如，目前投资领域中央层面核准的项目数量减少约76%，但如果用地、环保、城乡规划等管理权限不能同步下放，仍会影响企业的办事效率，影响投资审批制度改革的效果。

2.“三权分设”是优化行政权力结构调整的大趋势

（1）放权：行政权力结构的开放包容与治理体系的多元化。行政权力运行与激发市场活力、社会活力兼容，形成政府治理、市场治理、社会治理协同发展的新格局。

（2）分权：行政分权制约与政府治理现代化。分权制约，形成合理的权力结构和高效的权力运行体制，是行政体制改革的重要目标。实现部门间和中央地方间的合理分权，并通过行政决策权、执行权、监督权之间的分权与制约，实现行政权力行使的专业化和有效性。

（3）限权：行政权力运行的公开化、法治化。有效制约权力，需要规范行使权力，将公权力关进法治的笼子里。

3. 以行政权力结构改革促进国家治理体系和治理能力现代化

（1）国家治理结构必须与经济社会发展模式相契合。我国进入发展新阶段，不仅需要从经济社会结构上转型发展，而且更需要从国家治理结构，尤其是政府治理结构上同步转型。

（2）把国内治理同全球治理密切联系在一起。在经济全球化、区域一体化的特定背景下，国际问题与国内问题相交织，国家治理架构的设计要有国际视野。随着“一带一路”为总抓手的对外开放战略的深入实施，国家治理需要在国际上发挥重要作用，树立良好的形象。多方面的情况表明，我国需要建立扩展的国家架构来应对国际格局的深刻复杂变化，并支撑大国的国际发展战略。

（3）国家治理架构要有中国的特色，突出自己的优势。推进国家治理体系和治理能力现代化，需要把握基本国情和自身优势。通过调整优化行政权力结构，实现政府治理、市场治理、社会治理的有机融合。

4. 以理顺决策主体关系为重点强化行政决策系统

（1）形成决策权在国务院与组成部门决策的合理分工。在强化国务院常务会议和全体会议决策的同时，尽可能将一些决策权下放到国务院组成部门，明确国务院组成部门的决策权限和责任主体。

（2）通过大部门制改革整合过于分散的决策权。按照同一公共事务尽可能由同一部门决策的原则，进一步合并和减少国务院组成部门，将国务院直属机构的决策权尽可能整合到国务院组成部门中，确保决策的统一性、科学性和效率性。

（3）建立行政决策问责制。在决策主体关系理顺的条件下，规范决策问责程序，强化对决策权行使的问责，形成国务院总理对国务院决策负最终责任，并对大部门行政决策进行有效问责的制度框架。

（4）强化国务院决策的行政首长负责制。国务院总理对全局性的决策负责，部门首长对本部门的决策负责，形成合理的决策分工和重大决策问责制度。

5. 以提高独立性和专业性为路径强化行政执行系统

（1）形成四类行政执行主体。第一，承担行政管理的执行机构。如税务、能源等，依法执行国务院决策，行使行政管理职能。第二，承担监管职能的执行机构。如消费市场监管、反垄断、金融监管、国有资产监管等机构，严格依法行使市场监管职能。第三，承担咨询职能的执行机构。如政府办的智囊机构，把业务集中限定在服务于国务院决策上。第四，承担公共服务职能的执行机构。如统计、社会保障基金管理、广电、体育等，不再行使决策职能，集中做好专业化的公共产品服务。

（2）建立相对独立的行政执行体系。国务院直属机构一般不再保留决策权。决策权集中在国务院及其组成部门后，国务院直属机构不应再保留决策权，而要转变为执行机构。将国务院组成部门及其下属的直属机构、特设机构、办事机构、事业单位和部委管理的国家局分成两类转为执行机构。有些直属执行机构可在剥离决策职能后，在国务院总理直接领导下负责具体事务执行；有些直属机构可转为国务院组成部门内部的执行机构，在国务院组成部门行政首长领导下负责具体事务执行。

（3）理顺国务院组成部门与独立执行机构之间的关系。

——理顺国务院组成部门与直属执行机构之间的关系。尽可能减少国务院直属机构，能放在国务院组成部门的尽可能放在国务院组成部门，以减少国务院的执行职能、强化决策职能。

——理顺国务院组成部门与下属执行机构的关系。在国务院组成部门内部组建独立执行机构。大部门内部的司局分两类重组：一是决策职能较多的司局，要通过剥离执行职能，成为部委决策中心；二是执行职能比较多的司局，要剥离决策职能，改造为独立执行机构。

——理顺建立独立执行机构与改革原有事业单位的关系。按照政事分开、事企分开的原则，根据事业单位不同性质分类推进。对具有经营性质的事业单位，应坚决予以企业化转制，实现彻底脱钩；对具有公益性质的事业单位，可以合同授权、委托关系代替行政隶属关系；对具有行政职能的事业单位，应尽量回归行政体系，改造成执行机构。

（4）强化执行机构的专业性。第一，赋予执行机构相对独立的人事权。执行机构负责人可以依法自主选聘管理者和专业技术人员，执行机构管理可采取公开竞争聘任制、合同管理制等灵活的管理方式。第二，执行机构要不断推进公共管理创新。在执行机构自身承担主体责任的基础上，可以采取合同外包、服务购买等手段，将部分专业性强的业务交给各类执行效率更高的公益组织、企业等。第三，加强公共服务专业评估。建立由专家组成的执行机构专业指导委员会，服务于执行咨询、评估和考核。

6. 以权威性为重点强化行政监督系统

（1）组建国家监察委员会。整合监察部、审计署、检察院的反贪、反渎职、预防犯罪等职能。将这些机构、人员纳入国家监察委员会，形成相对统一、独立运行的监察职能；对所有公权力主体和公职人员行使监督权、监察权。同时，保证国家监察委员会也要接受全国人大、社会公众等的监督。

（2）建立省以下监察垂直管理体制。在北京、山西、浙江三地试点国家监察体制改革的基础上，尽快在全国推开，争取在“十三五”期间建立覆盖全国、从中央到地方的国家监察制度。建议：实行省以下垂直领导体制，地方层面的国家监察委员会对省级领导负责，实行省一级监察委员会人、财、物统一管理。

（3）加强行政内部监督。第一，赋予行政监察机关更高的权威性。监察部门直接对国家领导人负责，依法赋予监察部门领导人比一般政府机构更长的任期，尽可能保证监察部门的独立性和稳定性，不受政府换届的影响。第二，建立垂直领导体制。改革现行行政监察体制，实行省以下垂直领导体制，将省以下各级政府机关中的行政监察部门独立出来，由上级监察部门直接领导。第三，扩大行政监察机关职权。在现有监察权、调查权、建议权和处分权的基础上，赋予监察机关经济处罚权、财产申报权和没收权等更多的权力。

（4）加强司法对行政的监督。

——实现政府职能的法定。以简政放权为重点的政府改革向纵深推进面临着一系列立法改革滞后的问题：一些需要取消的行政审批具有法律依据，而负面清单和权力清单没有法律依据；反行政垄断是新阶段市场化改革的重要任务，但《中华人民共和国反垄断法》中并未写进反行政垄断；金融领域的混业经营成为大趋势，但金融监管法律仍是分业监管的框架；等等。

——实现行政程序的法定。以大部门制改革为例，行政组织法里未有“决策权、执行权、监督权既相互制约又相互协调”的条款。行政程序立法改革滞后的局面不改变，优化行政组织结构的改革很难做到于法有据。为此，需要推动行政权力有效整合，协调运行，提高行政效率，逐步实现行政程序法定。

——实现执行机构的法定。第一，出台执行机构相关法律规范。如出台“公共服务法”，对公共服务执行机构进行明确规范。第二，依照法律条文设置执行机构。确保重要的执行机构不因领导人的变更而变更，以保证执行系统的稳定性。第三，通过法律确保执行机构的独立性。不受纵向、横向部门或个人的约束和干预，使执行权依据法律授权严格规范行使，避免执行环节的主观性和随意性。

——实现机构编制的法定。多年来机构编制膨胀的矛盾未得到有效解决，深层次的原因在于机构编制立法滞后。实现机构编制的法定，对于有效控制滥设机构、随意升格机构、越权违规审批设立机构等现象十分关键。

（5）强化社会监督。一是推进行政执法公示制度、完善社会听证制度等以加强公共政策的社会参与。二是健全舆论监督机制。三是建立健全网络舆情收集、研判、处置机制及引导、反馈和应对机制，运用和规范互联网监督。

肆

建言社会改革

——加快推进基本公共服务均等化

2007年，联合国开发计划署主动联系中改院，商议和委托我院承担《中国人类发展报告》的年度研究撰写。当时，我们认为，在我国改革开放将迎来30周年的背景下，在经济持续快速增长的同时，人类发展发生了哪些变化，是一个值得研究的课题。经过研究和商议，我们把报告主题确定为“惠及13亿人的基本公共服务”。2008年11月，这份报告正式出版。联合国系统驻华协调代表及联合国开发计划署驻华代表马和励评价道：“我对参与本报告工作的所有专家学者以及迟福林先生带领的中改院的出色团队，为他们经过漫长而充满挑战的撰写过程所取得的完全成功，表示衷心感谢和热烈祝贺。”中国扶贫基金会会长段应碧指出：“基本公共服务均等化是我国重要的公共政策目标。如何为13亿人提供基本而有保障的公共服务，是迫切需要深入研究的政策、体制、制度和机制创新的重大课题。本报告对该课题进行了

2008年11月16日，我院在北京举行“2007/08中国人类发展报告发布会”。

广泛而深入的研究，提出了很多针对性很强的政策建议，对许多领域深化改革的政策决策都有重要参考价值。”值得一提的是，2008年11月27日全国政协原副主席、中改院董事局名誉主席陈锦华在中改院上报的《关于〈中国人类发展报告2007/08〉发布会情况的报告》上也批示道：“中国和世界都需要这样的报告。要通过报告吸引、联系和团结海内外关心人类发展事业的专家学者。”这些肯定，令我和我的团队倍感欣慰。

在数次调研中，我们逐步形成一个基本判断：尽管我国正处于并将长期处于社会主义初级阶段，但发展的阶段性特征十分突出。与以往以解决温饱为重点的生存型阶段不同，我国已进入以人的自身发展为目标的发展型新阶段，人民群众日益增长的物质文化需求的内涵发生了重要变化。改革发展在总体上解决了私人产品短缺（温饱）问题后，公共产品（教育、医疗、社会保障等）短缺的矛盾日益突出，我国开始进入公共产品短缺时代。从我国基本国情看，建立惠及13亿人的基本公共服务体系，逐步实现基本公共服务均等化，是我国公平与可持续发展的必由之路，就其制度建设对于实现全面小康社会目标的意义而言，可同市场经济体制改革相提并论，并将对中国人类发展产生巨大而深远的影响。

一　我国开始进入以人的自身发展为目标的发展型新阶段

我们在《中国人类发展报告2007/08》中提到，改革所释放出来的经济活力，极大地促进了经济发展和社会进步，这使我国开始由生存型阶段进入发展型新阶段。进入发展型新阶段，人民群众的物质文化需求由解决温饱逐渐向以公共产品为重点的发展型需求转变。发展阶段的变化既是改革开放的历史贡献，也是中国下一步改革发展的历史起点。

1. 从生存型阶段向发展型阶段的历史性跨越

无论从结构特征来看，还是从重要的指标来看，都表明我国在21世纪初（2000—2003年）开始完成由生存型阶段向发展型阶段的过渡，这与我国在21世纪初“实现了由解决温饱到总体上达到小康的历史性跨越”①的判断相一致（见表1）。

表1　生存型阶段与发展型阶段的结构特征

阶段	消费结构特征	经济结构特征	社会结构特征
生存型阶段	经济发展水平不高，以温饱为特征的衣食住行等基本物质需求是整个消费需求的主体	农业在国民经济中的比例较高，工业、服务业的比例较低，经济发展对人力资本的要求程度低	多数社会成员从事农业，社会贫困发生率较高，社会分化不明显
发展型阶段	经济发展水平逐步提高，以人的全面发展为特征的消费需求多样化，基本物质需求比例明显降低	农业比例较小，工业、服务业在国民经济中占主导地位，经济发展对人力资本的需求程度较高	多数社会成员从事工业和服务业，由于市场和分工的拓展，社会群体开始分化

资料来源：中国（海南）改革发展研究院课题组。

① 温家宝：《关于社会主义初级阶段的历史任务和我国对外政策的几个问题》，《人民日报》，2007年2月26日。

2. 发展型新阶段社会主要矛盾的阶段性特点

在这个报告中，我们率先提出了虽然我国社会主要矛盾没有改变，但我国社会主要矛盾的内涵已具备阶段性特征，我们将其概括为以下几个方面。

（1）经济快速增长同发展不平衡、资源环境的突出矛盾。以资源环境为例，尽管中国资源总量丰富，但许多关键资源的人均占有量要低于世界平均水平。与此同时，资源环境压力开始成为诸多社会矛盾和问题产生的重要原因。

（2）公共需求全面快速增长与公共产品短缺的突出矛盾。改革开放30年，我国通过初步建立市场经济体制，较好地解决了私人产品的供给问题。进入发展型新阶段，中国开始面临公共需求的全面快速增长同公共服务不到位、基本公共产品短缺之间的突出矛盾。

（3）经济持续增长与收入分配结构不合理的突出矛盾。改革开放以来，中国居民收入不断增长，社会贫困人口数量逐步下降，贫困发生率逐步降低。与此同时，社会贫富差距逐渐扩大。我国已经从一个平均主义的国家，转变为贫富悬殊的国家。

（4）经济发展、社会进步与公共治理建设滞后的突出矛盾。随着社会发展阶段的变化，公共治理结构中的一些矛盾也凸显出来。例如，行政成本增大、行政效率低下的问题，政治参与积极性提高与表达渠道不相适应的问题，一些政府官员的腐败现象与社会监督机制不健全的问题，利益主体多元化与社会组织发展滞后的问题，公共政策制定中的公众参与问题等。这些都对改革行政管理体制，完善公共治理结构提出新的要求。

3. 发展型新阶段人们对公共产品的需求全面快速增长

我认为，进入发展型新阶段，首先表现出来的就是人们的需求结构发生重大变化。这也成为后续我提出民富优先、消费主导等观点的理论基础。

（1）公共需求数量不断增长，层次不断提高。那几年，全社会公共需求增长速度相当快，个人用于公共产品的年均支出迅猛增长。以健康为例，20世纪90年代以来，我国城乡居民对医疗保健的消费支出比重不断上涨：1990年，城镇居民人均医疗保健支出比重为2%，到2009年已经达到12%；1990年农村居民人均医疗保健支出比重为3.3%左右，到2009年已经达到7.2%。

（2）公共需求结构深刻变化。随着人们收入水平不断提高，公共需求的结构变化相当快，并逐渐由生存型向发展型升级。一方面，广大社会成员的个人总需求中，公共需求的比重越来越高，已开始成为社会需求结构的主体部分。另一方面，公共服务项目不断扩大。新阶段广大社会成员的公共需求，不仅包括义务教育、公共卫生、基本医疗、社会保障等基本公共服务项目，还涉及中低收入群体的基本住房问题，环境保护问题和食品安全、卫生安全等公共安全问题。

（3）公共需求主体不断扩大。

——城镇中低收入群体成为基本公共需求的主体之一，由于收入差距的不断扩大，其对公共医疗、义务教育、就业和社会保障的公共需求日益强烈。此外，已经被计入“城市化率”的大批农民工却还没有进入城市的公共服务体系。

——随着农村改革的不断深化和农村经济的发展，广大农民在义务教育、医疗、养老保障等方面的潜在公共需求已开始转化为现实需求。

——老年人口成为公共需求的主体之一。从2000年到2009年，中国60岁以上的老年人口由1.26亿人增长到1.67亿人，占我国总人口的比例从10.2%提高到12.5%[①]，大致占全球老年人口的20%，相当于欧洲60岁以上老年人口的总和[②]。预计2020年中国老年人口将达到2.4亿人，占中国总人口的17.17%；到2050年，中国老年人口总量将超过4亿人，老龄化水平推进到30%以上[③]。随着中国老龄人口的增多，社会对医疗、社会保障的需求大幅上升。

4. 我国开始进入公共产品短缺时代

在《中国人类发展报告2007/08》中，我们详细阐述了我国基本公共服务的目标与差距。此后，在《第二次改革：中国未来30年的强国之路》一书中，明确提出了在我国开始进入发展型新阶段，全社会对公共需求全面快速增长的背景

① 《回良玉：中国老年人口呈现加快增长趋势》，中国新闻网，2010年1月28日。

② 《2007年底中国60岁及以上老年人口已达1.53亿》，中国新闻网，2008年2月29日；《全国老龄办副主任：养老服务行业可免收营业税》，新浪网，2008年3月17日；《中国60岁以上老年人口全球居首　养老业有巨大空间》，中国网，2008年8月4日。

③ 《全国老龄工作委员会办公室：中国人口老龄化发展趋势预测研究报告》，中国网，2006年2月24日。

下，我国公共产品供给缺失、供给不到位的问题全面凸显，我国开始进入公共产品短缺时代。得出这一判断的主要依据是：第一，从国际经验看，当人均GDP在3000～6000美元之间时，与人的自身发展相关的公共产品需求会呈现全面快速增长的势头。当前，我国人均GDP已超过4000美元，进入中上收入国家行列。在这个特定阶段，多数的私人产品开始由短缺走向过剩，与人的发展型需求直接相关的公共产品需求快速增长。第二，公共产品存在着制度性短缺。比如城镇居民能够享受的养老保障，多数农村居民还无法享受，这使得城镇养老保障对农民具有排他性。第三，从与其他国家横向比较来看，我国公共产品短缺的问题更加明显。例如，在教育方面，2008年，我国公共教育经费支出占GDP比重约为3.4%，而发达国家在4%～6%之间，巴西、墨西哥、泰国等发展中国家也在4%以上。

二 建议建立和完善惠及13亿人的基本公共服务

为什么要提出基本公共服务均等化？就是因为我国进入发展型新阶段，公共需求全面快速增长与基本公共产品短缺的矛盾已经成为各种社会矛盾和问题的重要根源。2006年，我在甘肃调研时了解到，某地一个村子里有个村民公约：如果某家的病人医疗费超过2万元，就约定主动放弃治疗回家等死，因为2万元是他们借遍所有农户亲戚的极限。如果还继续医治，最终不仅可能救不活病人，还会使4～5户家庭同时陷入贫困！我在考虑，进入发展新阶段，如果我国的公共产品短缺问题长期得不到有效解决，收入分配格局失衡、基本公共服务均等化保障不到位，很容易使经济增长失去社会的广泛支持。正是在这一判断下，我在《中国人类发展报告2007/08》中写道，在发展市场经济的背景下，建立惠及13亿人的基本公共服务制度和体系，推进基本公共服务均等化，是中国人类发展的必由之路。

1. 逐步明确基本公共服务均等化的基本内涵

基本公共服务均等化不等于公共服务的平均化，而是在基本公共服务方面有全国统一的制度安排；基本公共服务均等化是全体公民的机会均等、结果大体相同，并尊重社会成员的自由选择权；基本公共服务均等化，是要将基本公共服务的差距控制在社会可承受的范围内；基本公共服务均等化，要尤其关注困难群体。只有弱势者的情况得到改善，才能够更为有效地提高社会整体福利。从基础性、广泛性、迫切性、可行性方面考虑，义务教育、公共卫生与基本医疗、基本社会保障、公共就业服务是建立社会安全网、保障全体社会成员基本生存权和发展权必须提供的基本公共服务，是当前我国基本公共服务均等化的主要内容。

2. 把“提供基本而有保障的公共产品”作为社会主义公共服务体制建设的基本任务

国际经验表明，公共产品供给不足会造成各种社会问题，而供给过度又会降低经济运行效率。从我国情况看，政府不可能包揽各类公共产品，也不可能搞过高的福利。因此，未来一个时期需要尽快解决好与城乡居民利益直接相关、广大群众要求强烈的基本公共产品的供给。

三 向中央建议加快建立基本公共服务均等化体制

多年前，我到挪威北部小城市调研，当地仅2万人的一个小城市办了一所大学。我问当地的官员，为什么人口这么少能办一所大学，他们告诉我说，尽管学校无法与首都奥斯陆大学相比，但是这里的生活条件、公共资源配置与奥斯陆基本没有区别。也就是说，实现基本公共服务均等化，涉及公共资源的配置分布，这不仅是一个水平问题，更是制度问题。

2006年2月，我再一次在温家宝总理主持召开的经济社会领域专家学者座谈会上建议，“加快建立公共服务体制，推进基本公共服务均等化”。同年8月，我带领中改院的同事们向中央提交了《加快建立社会主义公共服务体制（18条建议）》，得到了中央相关方面的重视。2008年召开的党的十七届三中全会提出，推进城乡基本公共服务均等化，逐步建立城乡统一的公共服务制度。

2009年，我在全国政协十一届二次会议上做了题为《依靠改革扩大内需的建议》的大会发言，其中第二点提出“扩大消费需求，重在推进以基本公共服务为重点的社会变革”。与此同时，我向全国政协递交提案，建议“尽快制定全国性基本公共服务均等化规划”。此后，中改院受国家发改委委托做了5项与“十二五”改革相关的研究，其中一项就是“十二五”我国公共服务均等化的政策安排。在这份研究报告中，我们建议把“初步实现基本公共服务均等化”纳入“十二五”规划，这一建议在“十二五”规划与中共十七届五中全会中得到清晰的表述。

1. 建议制定全国范围内的基本公共服务均等化规划

2006年2月，在温家宝总理主持召开的经济社会领域专家学者座谈会上，我向温总理建议，实现基本公共服务均等化是一项全国范围内的系统工程，许多重要方面需要中央统一规划。尽管在标准上发达地区与落后地区有所差别，但在制度上应该统一。当时的重要考虑有以下几点：

（1）制定全国统一的基本公共服务均等化的范围和标准。在规划中确定全国性基本公共服务的范围、种类、标准，包括设施、设备和人员配备以及相关财政投入标准。

（2）明确基本公共服务均等化的时间表。经过5年左右的努力，将城乡、地区和不同社会群体间基本公共服务人均财政支出差距控制在30%以内，初步实现城乡基本公共服务均等化的目标。

（3）把基本公共服务均等化纳入政府政绩考核体系，硬化民生指标。逐步形成包括人大代表、社会公众、媒体等在内的多元参与、开放、透明、高效的评价体制，逐步完善基本公共服务均等化评估的制度保障，包括行政法规保障以及财政投入保障。

2. 加快建立以基本公共服务均等化为目标的公共财政制度

在《加快建立社会主义公共服务体制（18条建议）》中，我提出，把基本公共服务均等化作为深化新阶段财政体制改革的基本取向。

（1）建立以基本公共服务均等化为主要目标的公共财政体系。核心是调整财政支出结构，降低经济建设费支出比重，降低行政管理费支出比重，增加基本公共服务支出比重。与此同时，加快建立全口径财政预算制度，深入推行财政绩效预算，用有限的财政资源为全体社会成员提供更多、更好、更高水平的基本公共服务。

（2）完善中央与地方政府转移支付体系。核心是调整和优化财政支出结构，完善和规范中央对地方的转移支付制度。同时，规范专项转移支付制度，探索建立横向转移支付制度。专项转移支付要以促进地区间平衡发展为主要目的，其使用范围应主要限定在基本公共服务领域。

（3）深化省级及以下的财政管理体制改革。要把财政能力均等化作为省级及以下财政体制改革的重点。重在树立辖区财政观念，以基本公共服务支出责任与财政能力平衡的原则取代传统的财权与事权均衡的原则。上级政府不仅承担着本级财政平衡的责任，而且也要承担低层级政府财政平衡的责任。与此同时，加快推进省直管县的财政管理体制。保证省财政的转移支付真正落到欠发达县，以此强化省级政府对地方财力分配的调节作用。

（4）赋予省级政府一定的自主税权。主要是三个方面的改革探索：一是探索培育地方主体税种；二是扩大地方政府税收管理权限；三是在条件允许的情况下，适当放开地方政府投融资政策，为基本公共服务均等化开辟更多可持续的财源。

3. 加快以事业单位为重点的公益机构改革，完善基本公共服务供给体系

2004年3月，“公共服务部门改革国际经验与中国事业单位改革国际研讨会”在北京召开。我在这次研讨会上发表了题为《我国经济社会转型时期的公共服务制度改革与创新》的演讲，这份演讲也产生了广泛影响。当时我的观点是：由于改革的不到位和实践中的某些偏差，学校、医院、科研等公益机构追求自身利益的倾向比较普遍。推进事业单位转型与改革，是缓解公共产品短缺、建立公共服务体系的重大任务。此后，在2011年的一次国际论坛上，我提出，推进事业单位改革，要坚持回归公益性、强化专业性、提高独立性、加大社会性的原则。并建议，第一，把提高公共服务水平、加快基本公共服务均等化确定为公益机构改革的基本目标。第二，全面构建“以钱养事”的事业单位运行新模式。第三，建立新型事业法人治理结构，如推进所有权与管理权分离，建立独立事业法人财产制度，建立理事会、管理层和职工大会为主要内容的治理机制，构建多元化的公益机构监督体系等。

4. 创新公共服务投资体制建立基本公共服务多元供给机制

我当时认为，实现基本公共服务均等化，需要巨大的财力支持。如果完全由政府承担不太现实。因此，在《基本公共服务体制变迁与制度创新》《加快建立社会主义公共服务体制（18条建议）》中都提出了按照“政府主导、社会参与”的原则，建立基本公共服务投资体制，提高供给效率。具体建议是：第一，放宽基本公共服务投资的准入限制。制定基本公共服务指导目录，按照鼓励类、限制类和禁止类，分类指导基本公共服务发展。通过公共财政资助用户、资助特定项目在基本公共服务供给环节引入竞争，提高服务质量和提高效率。第二，创新政府基本公共服务财政投资体制。针对一些政府部门在基本公共服务领域投资铺张浪费等问题，通过项目公示、代建制、承包制、订购制等途径，最大限度地降低成本，提高政府基本公共服务的供给能力、质量和效率。第三，鼓励社会资金参与基本公共服务项目建设。通过贴息贷款支持民间投资，弥补公共投资信用能力的不足。

5. 率先建立城乡统一的基本公共服务体制

在2008年“中国农村改革的新起点：基本公共服务均等化与城乡一体化”国际论坛上的开幕式演讲中提出，把统筹城乡发展、推进城乡一体化作为新阶段农村改革的基本目标，作为扩大内需、实现经济持续稳定增长的重大举措。在这个特定背景下，实现城乡基本公共服务均等化已成为新阶段统筹城乡发展、推进城乡一体化的重要任务。为此，我提出了率先建立城乡统一的基本公共服务体制的基本路径：

（1）第一步，完善体系。在义务教育免费、新型农村合作医疗体系覆盖全体农民的基础上，尽快实施农村新型养老保险制度，使农村基本公共服务体系尽快建立起来。

（2）第二步，实现城乡基本公共服务制度的对接。在经济发达地区，率先建立城乡统一的基本公共服务制度，鼓励有条件的地区进行改革试点，率先把农村居民全部纳入城镇基本公共服务保障范围；在中等发达地区，加快提高农村基本公共服务水平，为城乡制度对接创造条件，可先出台过渡性办法，预留城乡制度对接的衔接口，在此基础上试点推进；在欠发达地区，先用2年左右时间，完善农村基本公共服务体系，在政策和制度设计上，预留城乡基本公共服务制度的衔接口。

（3）第三步，逐步提高水平。再用3年左右的时间，逐步提高欠发达地区农村基本公共服务水平，将农村基本公共服务体系纳入城镇公共服务体系，最终实现城乡基本公共服务的制度对接和水平差距的逐步缩小。

6. 建立健全基本公共服务的法律法规体系

在研究中发现，我国不同的基本公共服务领域立法进程不一；有些领域的立法层次较低，缺乏全国统一的公共服务法律体系。我认为，为了在全国范围内推进基本公共服务均等化，需要以《中华人民共和国宪法》对公民基本权利的规定为依据，整合现有基本公共服务的法律、法规和部门规章条例，加快基本公共服务重大项目立法进程，把部门法规提升到法律层面，为逐步实现基本公共服务均等化奠定坚实的法理基础。

四　为广大农民提供基本而有保障的公共产品和公共服务

2003年7月1日，我到海南儋州的一个黎族农村调研。走进一个农户家里，看到老太太生病躺在床上，老头是只有一条腿的残疾人，儿子还有点精神疾病。家里有两亩水田，全凭这个老头把一条腿拴在犁耙上耕种。我当时就问乡镇干部，像这种家庭不能实行最低救济制度吗？他们告诉我，他们为这个家庭的补贴申请了3个月，最后拿到5块钱。我当时心里真不是滋味。

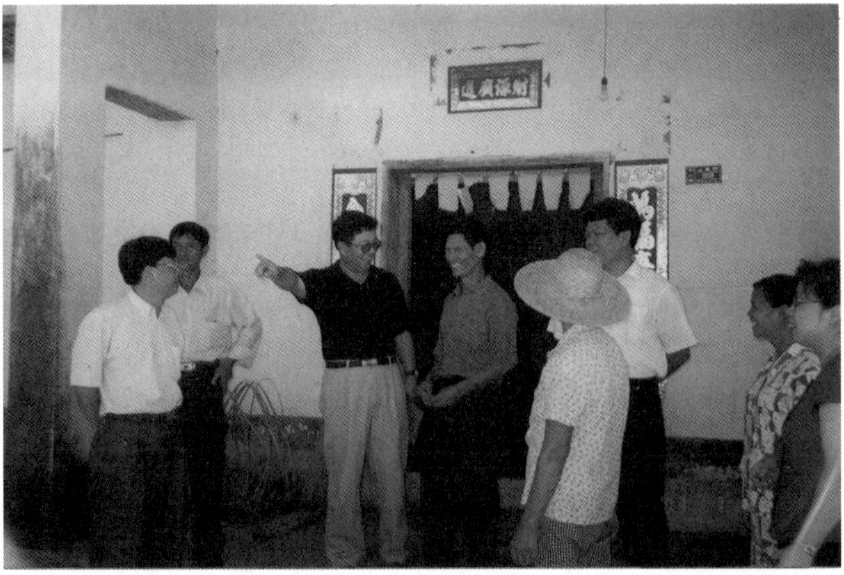

2003年7月1日，我与中改院研究人员在海南省儋州市调研农村基本公共服务。

2006年2月，温家宝总理主持召开经济社会领域专家学者座谈会，主要讨论当年的政府工作报告和全国“十一五”规划纲要。在这次座谈会上，我结合这个案例向总理建议，将《“十一五”规划纲要（草案）》中提出的“有条件的地区要积极建立农村最低生活保障制度”改为“逐步在全国范围内建立农村最低生活保障制度”。我说，我们改革开放快30年了，农村最低救济制度是不是应该尽快建立起来？即便是由于城乡经济社会发展水平的差异，城乡基本公共服务水平可以有差别，但制度应当统一。当时引起了高层的重视。3个月后，中共中央和国务院决定，从当年开始，在全国范围内建立农村最低救济制度。

1. 为农民提供基本而有保障的公共产品

通过多次在农村调研发现，我国农村公共产品供给的短缺程度比城镇更为突出，广大农民对基本公共产品供给的需求更为紧迫和强烈。例如，2003年我国第三次全国卫生服务调查发现，疾病是农村居民致贫的首要因素，大约1/3的农村贫困人口都是因病致贫。2006年，我在西部调研中了解到，西部有70%～80%的新增贫困人口都是因病致贫、因病返贫。2007年，我国城乡居民人均收入比已达3.33:1，若把基本公共服务，包括义务教育、基本医疗等因素考虑在内，城乡居民人均实际差距将高达5:1，甚至6:1。为农民提供基本而有保障的公共产品，实现基本公共服务均等化已经成为新阶段反贫困战略的重要举措，成为缓解和缩小城乡差距的关键所在。

2. 优先解决广大农民生存、发展的基本保障问题

2003年7月31日至8月1日，中改院在海口召开了“中国农民权益保护国际研讨会”。与会的130余名中外专家就“农村公共政策与农民权益保护”“农村劳动力转移的制度安排及农民土地的权益保护”“农民组织建设与农民权益保护”“农村基层政权组织改革与农民权益保护”“稳定农村土地关系与农民权益保护”等议题进行了讨论。我在会议开始时做了题为《为农民提供基本而有保障的公共产品》的主题演讲。会后，中改院向国家发改委提交了《为农民提供基本而有保障的公共产品推进城乡协调发展（12条建议）》。

3. 农村公共产品的提供主要以国家、省级财政为主

长期以来，我国农村公共产品供给遵循的基本原则是“自力更生为主、国家支持为辅”，农村公共产品的供给主要不是公共财政，而是农民自己。以农村义务教育为例，其经费78%由乡镇负担，9%左右由县财政负担，省里负担11%，中央财政负担不足2%。这种体制一方面表现为供给明显不足，另一方面也加重了农民负担。如果中央政府和省级政府履行其提供农村公共物品的服务职能，把农民从自我供给的状态中解放出来，就会大大减轻农民负担，使农民将更多资源用于提高收入的投资上来。同时，提供诸如农村道路、农村电网等公共产品，既优化了乡村的投资环境，所产生的收入效应、消费效应、就业效应，也将对启动农村消费、扩大内需和拉动经济增长起到明显的带动作用。

伍

建言经济转型

——以转变发展方式为主线的二次转型

2009年，中改院受国家发改委发展规划司委托进行“十二五”改革规划的研究。2009年8月，中改院提交了研究报告，明确提出“以实现发展方式转型为主线”，在对“十二五”改革发展特定背景做出客观判断的基础上，研究提出“十二五”改革的总体思路、目标与任务，并就“十二五”创新改革方式提出相关建议。我们还提出，要以经济增长方式转型为主线推动经济体制改革，以社会公共需求转型为主线推动社会体制改革，以政府转型为主线推动行政体制改革。这份报告成为国家“十二五”规划起草组重要的基础性参考材料，其中“以发展方式转变为主线的‘十二五’改革”被写入了十七届五中全会的决议中，并且被作为国家关于“十二五”规划的主导思想。当前，经济转型升级已成为经济各界的共识，关于经济转型升级领域的改革研究仍然是我研究的重点课题之一。

一 以转变经济发展方式为主线

“十二五”规划中一个核心问题是以什么为主线。我在2010年出版的《第二次改革：中国未来30年的强国之路》《第二次转型：处在十字路口的发展方式转变》等书中详细阐述了为什么要以转变经济发展方式作为“十二五”时期的主线。

1. 终结出口导向模式

得出终结出口导向模式的主要判断有四条。第一，世界贸易保护主义抬头，中国外需面临较大的不确定性。第二，即使全球市场需求能够恢复，也不是原有规模和结构上的简单恢复。例如，受到国际金融危机重创的欧美发达国家，其发展回归实体经济已成定局，进而会替代中国部分出口产品，这将使得中国制造业面临的国际竞争越来越激烈。第三，我国出口产品在全球产业分工中仍处于低端，对国内产业结构升级、国民福利的贡献相对有限，也就是说，从出口导向模式中能够分享的全球化红利越来越少。第四，以人口要素为重点的高成本时代的到来，使得我国出口导向依赖的低成本优势逐渐减弱。

2. 终结投资主导模式

虽然投资主导型经济模式在过去有效地解决了中国短缺经济的问题。但自21世纪以来，投资主导模式导致一系列矛盾与问题。第一，投资主导模式造成钢铁等领域严重的产能过剩。第二，投资主导模式造成产业结构失衡。2007年，中国服务业比例（40.4%）不仅远低于发达国家（美国2000年为74.6%，高收入国家2000年平均为70.1%），甚至低于低收入国家（低收入国家2000年平均水平为47.5%，印度2007年为52.8%）。第三，投资主导加剧政府与市场关系的失衡。我国的投资主导模式往往以政府为主导，以国有企业扩张为载体，从而造成国有经济在某一或某些产业领域市场份额的扩大，以及民营企业在该领域市场份额的缩小甚至退出。第四，造成了高投资与低消费之间的结构性失衡。由此，我判断投资主导模式到了变革的十字路口。

3. 终结以GDP为中心的增长主义

我国增长主义的形成与当时发展处于生存型阶段这一客观的历史条件直接相关。为了在短时期内迅速解决庞大的贫困群体的问题、保障人民基本生活水平，采取必要的措施做大经济总量是一条现实的路径。但随着我国进入发展型新阶段，继续坚持增长主义，不仅难以解决经济社会领域的诸多矛盾，甚至可能进一步积累、激化这些矛盾。第一，增长主义无法解决资源环境的矛盾。第二，增长主义无法解决公共产品短缺的矛盾。第三，增长主义无法解决日益拉大的收入差距。第四，增长主义无法解决公共治理的突出矛盾。增长主义的矛盾弊端逐渐显现，意味着我国必须找到一条科学发展的道路，在实现经济持续增长的同时，实现社会的稳定和公平。

二 基本目标：公平与可持续的发展

2010年底，我带队到墨西哥考察。这次考察使我深有感触：2010年墨西哥人均GDP接近1万美元，开始进入“高收入国家”行列，但与我们接触的大多数墨西哥人都反映，经济增长并未使多数人受益，贫困人口约占一半，反而陷入“发展的痛苦”之中。这次考察使我更加确定我国要“走向公平与可持续的发展目标”这一观点。

2011年，中改院召开了以“跨越中等收入陷阱”为主题的国际论坛。在这次论坛上，我发表了题为《公平与可持续：未来十年的中国追求》的主题演讲。其中提到，中国作为拥有13亿人口的大国，走公平与可持续发展之路，是对人类发展的重大贡献。

1. 防止“增长主义陷阱”

不可否认，增长是经济社会进步的基础，是解决所有问题的重要条件。中国作为发展中的大国，不可能在没有增长的条件下奢谈其他。问题在于，增长不等于发展，增长不能代替一切，尤其是不能因阶段性的经济增长而掩盖中长期发展的结构性问题。简而言之，我们需要增长，但不要“增长主义”。

2. 防止“政府主导陷阱”

我提出防止“政府主导陷阱”，主要是指经济生活领域的政府主导替代市场主导的倾向性问题：首先，政府主导下的总量扩张型增长方式不仅难以为继，而且积累了大量的经济社会矛盾；其次，政府转型长期不到位，有可能使某些计划经济的某些因素死灰复燃，造成市场化改革的停滞，甚至倒退。对此，我们需要反思，需要警惕。建议：第一，不能用政府替代市场。第二，防止政府失灵与防止市场失灵同等重要。第三，坚持经济生活中的市场导向改革。

3. 防止“中国模式陷阱”

中国改革开放取得了举世瞩目的伟大成就，积累了重要的成功经验，并形成了具有特色的中国道路。问题在于，当中国处在经济社会发展矛盾问题还比较突出的背景下，当经济转型、社会转型、政府转型仍处在攻坚克难的困境下，提出并宣扬“中国模式”会形成怎样的后果？我的观点是，有中国经验、中国道路，但尚未形成所谓的“中国模式”。我的担心是，盲目提出“中国模式”有可能误导改革、耽误改革。

三 基本导向：从国富优先走向民富优先

2010—2012年，正值我国“十二五”规划纲要起草的重要时期。在此期间，我多次参加了中央领导主持召开的相关会议，并就“十二五”确立以民富优先的发展导向提出了自己的观点。

1. 建议实施国民收入倍增计划

在这一时期，我提出了使城乡人均收入在“十二五”期间翻一番，年均增长不低于15%的观点。这条建议被媒体广泛报道。有人开始质疑，说这根本不可能实现，更有人写文章来做一些探讨。我之所以提出这一建议，是基于两个基本考虑：一是我国已经到了要依靠内需为主来支撑经济中长期发展的阶段，这依靠的是人民群众的收入能力；二是从过去的发展实践来看，我国GDP保持接近两位数的增长，而公共财政收入大概都是20%的增长，这就为城乡居民收入与GDP同步增长提供了重要条件，也意味着降低人民群众税收支出有一定的空间。两年后，党的十八大报告明确提出“到2020年城乡居民收入比2010年翻一番”的目标，这意味着国民收入倍增已成为我国实现小康的重要目标。当时的主要观点有以下几点：

（1）明确把国民收入倍增计划纳入目标。2010年3月，我向全国政协提交了题为《加快推进我国收入分配体制改革的建议》的提案。这份提案中的第一条建议就是实施国民收入倍增计划。建议使城乡人均收入在“十二五”翻一番，年均增长不低于15%；居民收入在国民收入中的占比从约60%提高到70%左右；劳动报酬占GDP比重从2007年的39.7%提高到50%左右；城乡收入差距从2008年的3.31:1控制到3:1以内；中等收入群体占比达到30%。

（2）实现国民收入倍增目标重在推进政策调整和体制创新。

——以“民富”为目标调整国有资源配置。当时收入分配差距过大的最大问题在于国有资源配置的不合理。一是调整国有资源布局；二是推进国有资源的税费改革；三是对垄断行业实行收租与分红制度。

——落实“民富优先”，创造条件让更多群众拥有财产性收入。居民收入差距的很大部分来源于财产性收入，亟须通过体制机制创新，贯彻落实中共十七大提出的“创造条件让更多群众拥有财产性收入”。一是推进农村集体土地流转制度改革，使农民真正享受到土地资产增值的红利；二是规范和完善资本市场，保障投资者权益；三是推行“职工持股计划”，使职工真正享受到企业增值红利。

——控制政府财政收入增长速度，调整财政支出结构。当前的财政问题核心不是总量不足，而是结构不合理。一是建议合理控制各级政府的财政收入增长速度；二是调整财政支出结构，使财政支出更多地用于公共服务供给；三是加快各级政府财政收入及公务人员收入公开化进程。

（3）把国民收入倍增计划纳入“十二五”规划，形成对政府的约束性指标。实施国民收入倍增计划有利于促进发展方式转变。为此，建议尽快出台可操作性强的国民收入倍增计划，并把这些指标作为“十二五”规划的约束性指标。

2. 加快推进收入分配体制改革

我曾于2010年、2012年两次向全国政协提案，建议加快推进我国收入分配体制改革，尽快出台收入分配改革总体方案。其中在2012年的提案中建议尽快出台收入分配改革总体方案。第一，把本届政府任期内出台收入分配改革方案作为重要约束。第二，争取年内在征求社会意见的基础上出台收入分配改革方案。第三，在出台收入分配改革方案的同时，出台相关配套改革方案。

（1）明确收入分配改革目标，并作为约束性指标纳入“十二五”规划中。着眼于发展方式转型，建议“十二五”时期，将“把我国消费率从2008年的48.6%提高到55%～60%”确立为收入分配体制改革的重要目标。

（2）以资源红利的社会共享为目标推进国有资源的重新配置。收入分配差距扩大的一个重要原因是国有资源在很大程度上配置于市场领域而不是公共领域。着眼于调整国民收入分配基本格局，建议加快国有资源配置的结构性调整。一是重新反思当时相当多的央企涉足房地产开发这一现象。国有资本进入竞争性的房地产领域，应不以赢利、做“地王”为第一目标，而是主要限定在提供保障性住房和廉租房领域。二是尽快推进资源税改革，改革国有资源的税费体系，理顺资源性产品的分配格局，改变只有少数企业享受资源红利的格局。

（3）把理顺收入分配关系作为新阶段打破垄断、推进国有企业改革的重大举措。垄断是造成国民收入分配失衡的重要因素之一。缩小收入分配差距，需要进一步打破垄断，尽快建立起规范化的收租分红制度，提高国有企业上缴租、税的比重。一是防止“国进民退”。这两年社会对“国进民退”有比较大的意见。建议尽快出台详细的《中华人民共和国反垄断法》实施细则，放开垄断领域门槛、引入竞争，通过市场法律规范国有企业的投资领域。二是尽快建立常态化的垄断行业和国有企业收租分红机制。建议将征收“特别收益金”改为征收“超额利润税”，将垄断利润以税收名义收归公共所有。三是建立全口径的财政预算体系，尤其是涵盖国有企业的资源使用租金和利润分红。

（4）建立稳定的劳资关系，实施工资集体谈判制度和工资定期增长制度。其中的关键在于赋予并保障工人进行工资集体谈判的权利。除了工会外，鼓励探索多种形式的工资集体谈判机制。此外，应当加强对最低工资的监管力度，切实保护劳动者权益。

（5）构建财产性收入的体制基础，明显缩小居民财产性收入差距。如规范和完善资本市场，保障投资者权益；推行“职工持股计划”，使职工真正享受到企业增值红利等。

（6）以缓解和缩小收入差距为目标启动新一轮税收改革。总的建议是明显加大对所得和财产的课税力度。一是适时开征遗产税，作为个人所得税的补充；二是完善个人所得税制度，实行综合和分类相结合的个人所得税模式，对劳动所得、经营所得和财产所得实行综合课税，对资本所得和偶然所得实行分类课税，与综合课税相分离，以便于征管和调节；三是开征社会保障税，将社会保障的收支纳入国家预算。

（7）控制政府财政收入增长速度，调整财政支出结构。建议合理控制各级政府的财政收入增长速度，尤其是税收的增长速度。一是预算内财政收入增长速度以不超过上年GDP为宜；二是控制预算外收入规模，尤其是改革地方政府土地出让金管理制度；三是调整财政支出结构，使财政支出更多地用于公共服务供给，由此大幅度提高中低收入群体的实际收入水平。

3. 建议尽快制定中等收入群体倍增国家规划

2013年我向全国政协提案，建议尽快制定中等收入群体倍增国家规划，并在当年分组讨论时，在社科界联席会议上阐述了这一观点。会后有记者问我：“为什么你要提出‘中等收入群体倍增国家规划’的提案？”当时，我的回答是：一方面，中等收入群体持续扩大，是释放消费潜力、扩大内需的重要基础，是建设“橄榄型”社会、走向共同富裕的重大任务。另一方面，我国中等收入群体比重偏低、规模过小、身份认同感不强，不仅抑制潜在消费需求的有效释放，还造成社会结构失衡、贫富差距过大、利益矛盾增多。

四 基本趋势：经济转型升级

沿着转变经济发展方式这条主线，我在2010—2013年期间，先后主笔出版了《改革红利：十八大后转型与改革的五大趋势》《第二次转型：处在十字路口的发展方式转变》《民富优先：二次转型与改革走向》《消费主导：中国转型大战略》《改革红利：十八大后转型与改革的五大趋势》等一系列改革年度研究报告，其中陆续提出了如“消费大国”“人口城镇化转型”等经济转型升级的部分观点。2014年5月，我受聘为国家“十三五”规划专家委员会委员。带着这份沉甸甸的责任，我开始系统研究“十三五”我国经济转型升级的趋势性特点及改革建议。2014年底，在以往研究的基础上，我开始系统提出经济转型升级的主要趋势，并将“转型抉择”确定为中改院2015年度改革研究报告的主题。当时我判断，“十三五”时期是我国经济转型升级的最后“窗口期”。对我国的经济转型升级来说，2020年确实是个坎：化解短期增长压力的希望在2020年，实现全面小康社会目标的关键在2020年，避免“中等收入陷阱”、迈向高收入国家的关节点在2020年。如果谋划好、把握好2020年这个“中期”，就能奠定未来10～20年公平可持续增长的坚实基础；如果错失2020年“中期”这个重要历史机遇期，就会失去经济转型与改革的主动权，从而带来系统性的经济风险。对此，应当有客观、清醒的估计。这就要求我们：跳出速度看结构、跳出政策看体制、跳出短期看中长期，着眼于2020年经济转型升级和改革攻坚的实质性突破，谋划好“十三五”。

2015年2月1日，中改院在北京主办“2020：经济转型升级的趋势与挑战——建言‘十三五’”座谈会。

1. 经济转型升级具有历史性新趋势

（1）以服务业为主导的产业结构升级新趋势。我国总体开始进入工业化后期，产业结构正由工业主导向服务业主导转型。2013—2016年，我国服务业增加值年均增长8.0%，超出GDP增速0.8个百分点[①]。与此同时，服务业领域的新业态、新模式、新产业不断涌现。预计到2020年，服务业比重有望从2017年的51.6%提高到55%以上，基本形成以服务业为主导的产业结构。

（2）以服务型消费为主的消费结构升级新趋势。我国开始进入消费新时代，城乡居民的消费需求全面快速增长。在这个背景下，消费结构正由物质型消费为主向服务型消费为主转型，突出表现在：消费需求多元发展，消费规模持续扩大，消费结构优化升级。2017年，我国全社会消费品零售总额达到36.6万亿元，比2016年净增3.4万亿元，同比增长10.2%[②]。预计到2020年，我国消费总规模有可能达到50万亿元左右，消费对经济增长的年均贡献率将稳定在60%左右，基本形成消费拉动经济增长新格局。

（3）人口城镇化和乡村振兴融合的城乡结构新趋势。总体来看，改革开放40年来，我国走出了一条以规模扩张为重要特征的城镇化道路。进入新的发展阶段，城镇化的动力机制发生深刻变化，城镇化结构正由规模城镇化向人口城镇化转型。2017年我国常住人口城镇化率达到58.52%[③]，到2020年有望提高到60%以上，基本形成人口城镇化新格局。我国城镇化结构升级为新一轮科技革命与新经济的创新、应

① 《国家统计局：新理念引领新常态新实践谱写新篇章——党的十八大以来经济社会发展成就系列之一》，国家统计局网，2017年6月16日。

② 《国家统计局：2017年经济运行稳中向好、好于预期》，国家统计局网，2018年1月18日。

③ 同②。

用、推广提供了广阔空间。

（4）以服务贸易为重点的开放结构升级新趋势。在经济全球化背景下，经济转型与开放结构升级密切相关。近年来，我国货物贸易增速有所下降，而服务贸易的增长较快。我国开放结构正由货物贸易为主向服务贸易为重点转型。我国外贸结构的升级，不仅对转变自身经济发展方式有重要影响，也将给经济全球化注入新的活力。

2. 经济转型呈现阶段性新特点

（1）增长与转型高度融合，增长直接依赖于转型。当下，人们对经济增长比较担心，把“稳增长”看得比较重。从实际情况看，“稳增长”固然十分重要，但更重要的是要打破增长的掣肘因素，通过经济转型有效释放巨大的增长潜力。就是说，主要不是在现有的旧结构下寻找“稳增长”的药方，而是在经济转型新趋势、新结构下挖掘“新增长”的源泉。如果经济转型升级能够取得突破，我国有条件在未来5～10年实现6%左右的经济增长。更重要的是，这个增长是有质量的增长，是可持续的增长。

（2）经济、社会、治理转型交织融合，经济转型牵动转型发展全局。首先，经济转型对社会转型和治理转型有重要促进作用，没有经济转型的突破，社会转型和治理转型就很难突破。其次，社会转型对经济转型的影响日益增大。某些社会问题，例如养老保险改革，已经直接掣肘经济转型。社会转型与社会建设不到位将制约经济转型，并且有可能增大经济风险。再次，治理转型成为经济、社会转型的重要保障。我国正处于加快国家治理体系和治理能力现代化的关键时期，治理转型不到位，政府与市场关系、政府与社会关系就难以得到有效理顺，经济转型与社会转型的阻力将明显加大。

（3）经济转型与第四次工业革命交织在一起，转型的技术影响明显增强。首先，数字经济加快推动制造业的转型升级。当前，涌现了一批具有标志性意义的重大科技成果，涌现了一批新产业、新业态，数字技术开始深度融入传统制造业的变革之中，引领传统产业转型。其次，数字经济发展加快创新驱动进程，创新、创业成为转型发展的新引擎。以新经济为重点的产业变革，将推动经济增长方式从以资源要素投入为主，向创新和科技驱动为主的转变，形成增长的新格局。最后，我国经济转型升级为新技术的应用提供巨大空间。在科技革命新趋势下，我国经济转型与新一轮科技革命交织在一起，既需要在转型中解决现有的体制机制问题，也需要在转型中积极应对新技术带来的挑战。

（4）经济转型与国际经济格局变化交织在一起，双向影响明显增强。一方面，未来几年全球经济很有可能仍将处于弱增长态势，世界经济格局还在寻找新的平衡，这给我国经济转型带来多重影响和冲击；另一方面，作为世界第二大经济体，我国经济转型与增长对世界经济增长与经济格局的影响日益增大。例如，发达国家的“制造业回归”将使得我国制造业转型升级变得更为困难。

3. 2020年：经济转型升级的历史关节点

（1）经济转型的历史关节点。“十三五”期间，尤其是未来一两年如果能够实现经济转型的重要突破，那么不仅能缓解短期经济下行压力，而且将释放中长期增长的巨大潜力，为我国保持6%左右的经济增长、全面实现小康并迈入高收入国家行列奠定坚实基础。反之，就有可能失去经济发展的主动权，并由此引发系统性的经济风险和社会风险。

（2）社会转型处于临界点。数据显示，近20年来，群体性事件增加了10倍，其中因土地征用、房屋拆迁、环境污染等利益冲突引发的群体性事件占80%以上。这种利益矛盾的群体冲突协调不好，将激化其他社会矛盾，并使社会冲突有所升级，甚至成为局部性、全局性危机的导火索。

（3）治理转型到了关键点。腐败正在成为引发危机的导火索。相比于其他经济社会矛盾，腐败更容易成为社会不满情绪的“催化酶”，容易把“低级别、低烈度”的利益冲突催化为“高级别、高烈度”的社会危机。从现实生活来看，腐败问题的形成与发展，根源在于权力运行缺乏严格有效的体制机制约束。治理转型，就是要有效约束，“把权力关进制度的笼子里”。

陆

建言扩大消费

——我国开始进入消费新时代

2009年6月28日，中改院召开了以“扩大内需：体制与政策”为主题的改革形势分析会，在会上，我以《从生产主导型向消费主导型的历史转变》为题做了发言。其中提出，我国的需求结构进入战略调整期，且具有巨大的消费空间和潜力，有条件在未来5～10年实现消费率由50%提高到60%，并由此形成由生产大国走向消费大国的重要基础。此后，我在《改革红利：十八大后转型与改革的五大趋势》《第二次转型：处在十字路口的发展方式转变》《民富优先：二次转型与改革走向》等改革年度研究报告中，陆续阐述了实现消费主导的转型与改革。

2012年，中改院出版了以“消费主导：中国转型大战略”为主题的改革年度研究报告，明确提出“消费主导引领中国未来”。我认为，尽快扭转投资消费失衡，形成消费主导新格局，这既是短期政策的着力点又是中长期的战略选择，既是发展面临的突出矛盾又是改革面临的重大挑战。当时有媒体问我，为什么说走向消费主导是一个大战略？我用了“三个决定”阐述：第一，决定中长期经济增长的前景。第二，决定经济结构调整的关键。第三，决定公平发展的程度。

一 提出消费主导的战略选择

2009年，在我国居民消费率仅为30%左右、消费对经济增长的贡献率仅为50%左右的情况下，我提出我国经济要由生产大国向消费大国转型，由投资主导向消费主导转型。比如，2010年12月1日，我在纽约参加第25届企业组织国际网络年会，并做了题为《中国走向消费大国的历史性转型》的演讲，我在演讲中提出，“中国要把扩大内需，特别是扩大消费需求作为重要战略，努力用5～10年，使中国国内消费市场总体规模位居世界前列，以加快推动中国由投资出口大国向消费大国的历史性转型”。美国人问我：“你这个判断什么时候才能实现？”我答道：“中国走向消费大国不是未知数。”的确，从当时的数据来看，我国是一个生产大国、投资大国，但还远远不是消费大国。但同时也要看到，我国正处于走向消费大国的历史拐点，从当时的需求结构、城乡结构、人口结构等指标来看，我国经济蕴藏着的巨大内需潜力正处于释放的历史拐点，这一潜力的释放有条件使我国由生产大国向消费大国转型。

1. 建议把消费率纳入“十二五”规划纲要

2011年3月，我参加全国政协十一届四次会议。在这次会议上，我提出扩大消费需求是转变发展方式的重点，并建议在“十二五”规划具体实施细则中，把消费率尤其是居民消费率的提高作为一个约束性目标。事后看到，“居民消费率上升”被纳入“十二五”规划纲要的“主要目标”。2012年，我再次向全国政协十一届五次会议提交了题为《加快消费主导的经济转型》的大会书面发言稿，其中建议“明确把提高消费率作为政府绩效考核的约束性指标”。

2. 建议以拉动消费为重点推进“十二五”改革

2011年4月，我受邀参加李克强总理主持召开的国务院“十二五”国家级重点转型规划编制工作座谈会。在这次座谈会上，我提出“研讨和制定‘十二五’改革规划，关键和重点是建立拉动消费的体制机制”，并就具体改革举措提出了相关建议。我的主要观点是：“十二五”能不能初步实现由投资主导向消费主导转型，既是转变经济发展方式的成败所在又是改革攻坚的重点所在，既影响着短期宏观经济稳定又决定着长期的可持续发展。为此，我建议：第一，推进以扩大消费为重点的财税体制改革。“十二五”末期努力实现各级政府事权与财力的基本平衡。第二，以公益性为重要目标优化国有资源配置。在“十二五”头两年，应在加快研究的基础上，尽快出台进一步优化国有资源配置的改革方案。第三，尽快研究并解决教育、医疗、文化市场的开放问题。

二 以服务型消费为重点的消费结构升级

2012年，在我主笔的《消费主导：中国转型大战略》一书中，对当时的消费结构升级趋势做了两点概括：第一，由生活必需品到耐用消费品的需求结构升级。第二，由私人产品到公共产品的需求结构升级。尤其是文化、教育、医疗、住房保障等公共需求全面快速增长，推动着消费结构不断升级。正是基于这个考虑，2014年我提出了“消费结构升级的大趋势——从物质型消费走向服务型消费”。

1. 提出消费结构升级的三大趋势

2015年，中改院出版的《转型抉择2020：中国经济转型升级的趋势与挑战》一书专门用一章内容，详细阐述了我国消费结构升级的大趋势。

（1）从生存型消费向发展型消费的升级。生存型消费主要是衣食住行的基本消费，发展型消费主要是教育、医疗、健康、文化、环境等服务型消费。当前，城镇居民的消费需求正由耐用消费品为主向服务型消费为主转变。例如，城镇居民人均医疗保健、交通通信、文教娱乐三大消费支出占人均消费的比重已从1985年的12.8%上升到2013年的34.1%。预计到2020年服务消费支出占比可能提高到40%～45%，一些发达地区甚至可能达到50%～60%，服务型消费将成为城镇居民的主要消费。农村居民的消费需求正由生活必需品为主向耐用消费品为主转变，而且对服务型消费需求正逐步增大。

（2）从传统消费向新型消费的升级。随着温饱问题的解决，人们对绿色消费、信息消费、便捷消费等新型消费的需求进一步提高。例如，伴随着互联网的兴起和电子商务、物流快递等新型服务业的快速发展，新型消费增长得很快。2012年我国信息消费为1.7万亿元，同比增长29%；2013年，信息消费规模达到2.2万亿元，同比增长29%；2014年上半年，信息消费规模达到1.34万亿元，同比增长20%。估计“十三五”期间新型消费年均增长仍将保持在15%～25%的区间。

（3）从物质型消费向服务型消费的升级。与物质型消费需求基本饱和相比，城乡居民的信息消费、绿色消费、住房消费、旅游休闲消费、教育文体消费、健康养老消费等服务型消费需求正在快速增长，并且逐步成为消费支出的大头。据统计，2005—2010年我国城镇居民人均服务型消费支出从3116元提高到5260元，年均增长11.04%；2013年前后，我国城镇居民服务型消费支出比重均保持在40%左右的高位。

2. 消费结构升级带来巨大的消费市场

在《转型抉择2020：中国经济转型升级的趋势与挑战》一书中，我们提出，消费结构升级不仅意味着消费者偏好的改变，而且意味着巨大的消费潜力。预计到2020年，我国消费规模还将迎来一个倍增的空间。得出这一判断的基本依据是：据统计，2001—2013年我国城乡居民消费水平年均实际增长分别为7.01%和8.73%。如果2014—2020年按照2001—2013年的年均速度增长，那么到2020年城乡居民人均消费水平将分别达到41105.67元和11905.02元。考虑到2020年人口规模将达到14亿人，城镇化率将达到60%。初步估算，2020年我国居民消费规模将达到45.23万亿元，在2013年消费总规模21.4万亿元的基础上实现倍增。

三 我国开始进入消费新时代

2018年初，我在中改院出版的改革研究报告《动力变革：推动高质量发展的历史跨越》一书中首次提出“消费新时代”。2018年6月“中国经济大讲堂”栏目组找到我，让我系统地讲一讲关于消费的问题。我考虑很久，决定将我演讲的题目确定为《走进消费新时代》。在这次演讲中，我比较系统地阐述了消费新时代的判断依据、重大影响、矛盾问题及改革举措。

1. 我国开始进入消费新时代的主要判断

（1）改革开放40年，人民生活总体达到小康水平。1978—2017年，全国城镇居民人均可支配收入由343元增加到36396元，增加了105倍；我国农民人均纯收入由134元增加到13432元，增加了99倍。2017年，城乡居民恩格尔系数为29.3%，首次低于30%，按国际标准已达到富足水平。

（2）城乡居民消费结构发生重大变化。

——生存型消费需求总体满足。改革开放初期，我国城乡居民的收入中每100元就有60～70元用于购买食品；2017年，城乡居民恩格尔系数为29.3%，首次低于30%。

——服务型消费逐步成为消费的主体。2016年全国城镇居民服务型现金消费支出占比达到45.5%，比2013年提高了2个百分点。预计到2020年，我国城镇居民的服务型消费支出将达到50%；在农村，如果城乡一体化进程加快，城乡基本公共服务均等化总体实现，2020年后我国农村居民的服务型消费支出有可能接近40%。综合判断，到2020年我国全面建成小康社会时，服务型消费将占我国居民消费的50%。

——物质型消费服务化趋势明显。目前越来越多的物质产品，其生产和最终消费环节都嵌入了新型服务，与传统物质产品的消费有明显区别。

（3）消费已成为拉动经济增长的主导力量。2017年，最终消费支出对GDP的贡献率为58.8%，比2013年高出11.8个百分点。从2014年起，消费对经济增长的贡献率已连续4年超过投资，消费已成为拉动经济增长的第一动力。

2. 我国进入消费新时代的全局性影响

（1）消费潜力释放将为我国中长期可持续增长提供动力，为未来10年左右保持6%左右的增长奠定重要基础。初步测算，到2020年我国居民消费需求规模将由2017年的37万亿元增长到48万亿～50万亿元。从过去几年消费拉动经济增长的效果分析，未来几年消费将支持我国经济保持6%左右的增长趋势。

（2）消费结构升级将引领投资结构优化。以健康服务业为例，2016年大健康产业规模达到5.6万亿元，到2020年国内大健康产业的产值规模有望超过10万亿元，占到GDP的10%以上。

（3）消费结构升级加速产业结构变革。依托服务型消费需求的较快增长，我国服务业结构快速变化并较快发展。预计到2020年，服务业占比有望占到55%以上，基本形成服务业主导的增长态势。

（4）中国消费将对全球经济增长做出重要贡献。有估计指出，2016—2021年我国消费增长量将高达1.8万亿美元，相当于2021年英国的消费市场规模。我国未来5年的消费增量相当于一个英国市场。这一市场的开放将对全球经济产生重大影响。

3. 消费新时代面临“有需求缺供给”的突出挑战

当前，我国某些工业领域的产能过剩与大多服务型消费供给不足并存。例如，有研究表明，未来5年我国移动教育市场规模将达到1500亿元，但目前能提供的服务仅为1.6%；我国老年健康管理、康复护理、家政服务约有1万亿元的需求，但目前提供的服务不足1000亿元；我国文化产业占世界文化市场不足5%，而美国占了42%。

在这种背景下，服务型消费供给不足导致了消费外流的现象。我在一次媒体采访中表示，大量服务型消费流向国外，而不是拉动我国自身的新兴产业发展，成为我国产业转型升级的“切肤之痛”。以教育为例，送子女出国读书成为我国中高收入家庭的新趋势。我国自费出国留学人数由2011年的31.48万人增长到2017年的54.13万人，年均增长9.7%。[①]如果按人均支出10万元估算，需要支出540多亿元，而且留学人员逐步呈现低龄化趋势。

4. 建议将服务业市场开放作为消费新时代供给侧结构性改革的重大任务

面对巨大的服务型消费市场，首要任务就是提高服务型产品供给。但在我国服务业领域仍有50%左右被市场垄断与行政垄断的条件下，提高服务型产品供给无从谈起。为此，

① 根据教育部历年公开数据整理。

我多次在不同场合呼吁，要以打破垄断为重点推动服务业市场开放。2015—2017年，在我向全国政协的提案中，都涉及服务业市场开放的相关建议。2017年，我在全国政协十二届五次会议上做了题为《供给侧结构性改革重在处理好政府与市场关系》的大会发言，其中第四点讲的就是“处理好服务业发展中政府与市场的关系”。在我看来，破解服务业领域“有需求、缺供给”的突出矛盾，关键是打破行政垄断与市场垄断，让社会资本成为服务业发展的主导力量。争取到2020年服务业市场化程度接近工业，由此使得服务业领域“有需求、缺供给”的矛盾得到基本解决。

柒

建言开放转型

——从“一次开放”走向“二次开放”

“二次开放”是中改院2017年改革年度研究报告的主题。为什么要把“二次开放”作为年度研究报告的主题？我们的主要考虑是：在当时的国际背景下，无论是英国脱欧还是特朗普当选，都使得经济全球化面临严峻挑战，全球范围内的贸易保护主义倾向越来越明显，最终演变成为全球化逆潮。在经济全球化正处在一个新的十字路口的背景下，中国应如何选择？我们的主要判断是：我国的经济转型进程将是同世界经济深度互动、向世界不断开放市场的过程。把扩大对外开放与国内经济转型有机结合，中国才能够在国际经济形势变局和国内经济转型压力的双重背景下把握自己的选择与行动。尽管短期内经济全球化已经出现并且有可能恶化，但从中长期看，经济全球化的大趋势难以逆转，全球经济融合发展的大趋势难以逆转。新时期中国扩大对外开放，不仅对自身经济转型升级具有重要促进作用，而且将对全球自由贸易和经济全球化带来重要影响。

2017年2月26日，在北京举行“经济全球化十字路口的中国选择暨《二次开放》新书发布会”。

《二次开放：全球化十字路口的中国选择》一书出版后，被多所省市自治区党校用作领导干部学习培训材料；入选2017年国家社科基金中华学术外译项目（多种文版），其中英文版由五洲传播出版社翻译出版并向全球发行。本书还入选2017第一财经年度推荐书籍、《中国新闻出版广电报》优秀畅销书榜、百道网好书榜。商务部原部长助理黄海在书评中写道，“本书敏锐地观察到当前经济全球化面临的新形势、新挑战，系统提出了我国新阶段改革开放的新思路，不仅立意新颖，而且具有战略性、前瞻性，是新时期改革开放理论的重要创新”。

一 “二次开放”的总体思路

新阶段的“二次开放”，其起点、目标、重点、路径、形式等都发生了重大变化（见表2）。在此背景下，推进“二次开放”的基本要求、战略重点与重大任务都与以往有所不同。

表2 从“一次开放”到“二次开放”

因素	“一次开放”	“二次开放”
起点	低收入水平 工业化初期（国内） 制造业全球化（国际）	中等偏上收入水平 工业化中后期（国内） 服务业全球化（国际）
外部环境	全球化的制度安排比较稳定	全球化的制度安排不稳定，面临变数
内部禀赋	劳动力无限供给，资本短缺	劳动力供给下降，资本剩余

（续表）

因素	“一次开放”	“二次开放”
开放重点	货物贸易 制造业市场开放	服务贸易 服务业市场开放
开放途径	融入既有的国际市场	通过“一带一路”主动开辟新市场
资本流向	“引进来”为主，净流入	“引进来”和“走出去”并重，净流出
开放路径	加入WTO	全面实施自由贸易战略
开放体制	构建外向型经济体制：围绕出口导向战略形成一系列鼓励和扶持出口型工业发展的体制机制	构建开放型经济新体制：以自由贸易为导向构建对外开放的体制机制
国际角色	国际规则的接受者、参与者、跟随者	国际规则的推动者、促进者

1.“二次开放”的基本要求

（1）服务于国内经济转型大局，并成为新阶段经济转型的新动力。进入发展型新阶段，开放要适应城乡居民不断升级的消费结构，尤其是通过服务贸易满足不断增长的服务型消费需求。

（2）反对贸易保护主义，推动新一轮经济全球化。我国作为第二大经济体、第一大贸易国，应高举开放、包容、普惠、平衡、共赢的经济全球化大旗，促进各国在国际经济合作中权利平等、机会平等、规则平等；共商规则，共建机制，不搞排他性安排，防止治理机制封闭化和规则碎片化，努力推动所有人参与经济全球化，使更多人受益于经济全球化。

2. “二次开放”要把握三大战略重点

（1）积极推进自由贸易战略。第一，通过坚定实施自由贸易战略，积极与主要贸易伙伴、新兴经济体和发展中国家共建双边、多边自由贸易区，应对单边主义挑战。第二，以建设非排他性的、开放的多边自由贸易协定为重点，整合碎片化的区域合作机制，吸收新成员、培育新市场、释放新需求，不断拓展区域合作空间和市场空间。第三，带动和支持新兴经济体和发展中国家平等参与全球贸易投资规则重构，使更多发展中国家成为全球贸易投资新秩序的参与者、贡献者和受益者。

（2）积极推进“一带一路”倡议。“一带一路”秉承开放、包容、共享、均衡的价值理念，为世界经济增长注入新动力，为自由贸易增添活力，为“一带一路”沿线国家（地区）和人民创造实实在在的价值，成为新一轮经济全球化的实践者、推动者。

（3）积极推进服务贸易发展。服务贸易较快发展已成为新一轮经济全球化的突出特征。随着全球经济发生深刻变化和我国经济转型升级，很多投资领域的问题与服务贸易直接融合。也就是说，服务贸易开放不破题，双边、多边的服务贸易谈判将面临相当大的困难。

3. “二次开放”要完成三大任务

（1）推动以经济转型升级为目标的结构性改革。在“二次开放”中赢得国内发展和国际竞争的主动，具有决定性意义的举措是推进经济转型进程，释放经济转型的巨大增长潜力，为我国未来10年6%左右的经济增长提供重要支撑。这就需要深化以经济转型为目标的结构性改革。

（2）推动以打破垄断为重点的服务业市场开放。我国进入经济转型的关键时期，无论是形成服务业主导的产业结构，还是形成以服务贸易为重点的对外贸易新格局，都需要把服务业市场开放作为重中之重。在这个特定背景下，以服务业市场开放的重大行动加快现代服务业发展，既是经济转型的重大任务，也是应对经济全球化挑战的重大举措。

（3）推动以监管变革为重点的政府改革。在经济全球化深刻复杂变化的背景下，以开放转型形成良好的经济预期，很大程度上取决于政府监管职能的有效性。无论是防范开放转型的经济、金融风险，还是建立公平竞争的市场环境，都对政府监管变革提出了迫切要求。

二 “二次开放”中的“一带一路”

2018年夏季达沃斯论坛上，国家信息中心发布了《“一带一路”大数据报告2018》。在这份报告中，我被列为具有影响力的30名智库专家之一。近年来，如何以“一带一路”为总抓手，加快形成对外开放的大平台、大通道、大布局，是我重点研究的课题之一。

1.“一带一路”的三大历史性任务

（1）以基础设施为依托。基础设施互联互通是实现

"一带一路"倡议"五通"的关节点。"一带一路"沿线国家与地区基础设施建设需求巨大。有研究表明，2016—2020年"一带一路"沿线国家和地区基础设施合意投资需求至少达10.6万亿美元。巨大的基础设施建设不仅本身可为当地带来就业与收入的增加，而且对实现"一带一路"沿线和相关国家、地区发展战略对接具有关键性作用。

（2）以产能合作和服务贸易为重点。目前，"一带一路"沿线国家和地区间的产能合作和服务贸易合作已经展开。总的来看，服务贸易远滞后于货物贸易及企业"走出去"进程，滞后于产能合作的实际需求。2016年前三季度，我国与"一带一路"沿线国家和地区服务贸易额仅占贸易总额的10%。重货物贸易而轻服务贸易、贸易自由化程度比较低，导致"一带一路"沿线国家和地区贸易成本居高不下。未来，在深化产能合作的同时，拓展服务业领域的合作，成为"一带一路"可持续发展面临的重大任务。

（3）以构建多层次的自由贸易区网络为目标。以"一带一路"沿线国家和地区为重点，加快建立跨国、跨区域自由贸易区网络，探索对外开放新的路径和模式，有利于我国在国际经贸规则制定中赢得主动，有利于拓展经济转型空间，有利于创造更好的外部发展环境，有利于在新一轮全球贸易和投资自由化、便利化进程中发挥更大作用。

2. 提出"一带一路"的外延和内涵

2017年5月14日，我受邀参加"一带一路"国际合作高峰论坛，此次论坛是习近平主席于2013年提出"一带一路"

倡议以来，中方就此召开的规格最高的国际会议。这次论坛使我有三点深刻感受。第一，“一带一路”的外延正在不断扩大。“一带一路”秉持的开放、包容、共享、均衡的理念，是一个开放式的倡议，是“65+”，将逐步跨越“一带一路”沿线国家和地区，成为包括发达国家在内的全球共商、共建、共享的大平台。第二，“一带一路”的地位正在提升。“一带一路”倡议不仅仅涉及区域合作，而且是推动开放、包容、共享、均衡的经济全球化的新动能，它将实现内外互动、相互融合的新发展大格局。第三，“一带一路”的内涵也正在丰富。我提出三点：“一带一路”以基础设施互联互通为依托，以产能合作与服务贸易为重点，以构建自由贸易区网络为目标。

3．建议以构建自贸区网络为目标推进“一带一路”进程

（1）务实推进“一带一路”与自由贸易区网络的融合。2017年3月，我向全国政协提交了“以构建自贸区网络为目标推进‘一带一路’进程”的提案。比如，加快推进上海合作组织自由贸易区建设，创造条件使之成为“一带一路”中的多边自由贸易区；打造“10+1自贸区升级版”，推动与东南亚国家的“一带一路”合作进程。

（2）推进产业项下灵活多样的自由贸易进程。对条件尚不成熟的国家，争取实行基础设施项下、服务业项下的自由贸易政策安排，以在一定程度上实现自由贸易的突破。比如，在旅游、医疗健康、数字经济和电子商务、科技创新等

领域实施自由贸易政策。

（3）积极与“一带一路”沿线国家和地区共建跨境经济合作区。比如，在主要港口和口岸建立边境经济合作区；沿“六大经济走廊”建立境外经贸合作区；在主要节点建立一批跨境经济合作区；争取将基本具备条件的跨境经济合作区提升为双边自由贸易区。由此，形成“一带一路”多种形式的经济合作圈，务实推进“一带一路”自由贸易区网络建设。

4. 提出“泛南海经济合作圈”的构想

2016年8月，我和同事撰写了《抓住机遇，加快构建“泛南海经济合作圈”——建设21世纪海上丝绸之路的海南国际旅游岛》的研究报告，正式提出了“泛南海经济合作圈”的构想。

提出这个构想的基本判断是：经略南海重在打好“经济牌”“开放牌”，以海南更大程度的开放实现南海更大力度的开发，目的是通过广泛性、开放性、互补性的区域互利合作，增强互信，促进协调发展；目标是把南海建成和平之海、友谊之海、合作之海，打造“利益共同体”“命运共同体”。

“泛南海经济合作圈”构想提出后，得到了海南省委、省政府的高度重视。2017年，这一构想被写入当年的海南省政府工作报告。与此同时，我也在考虑，“泛南海经济合作圈”是一个大战略，突破口何在？于是，在2017年，我向全国政协提交了“关于支持以海南为中心构建‘泛南海旅游经济圈’的5点建议”的提案，提出率先构建“泛南海旅游经济圈”，以实现“泛南海经济合作圈”的重要突破，并建议将其尽快上升为国家战略。此后，2017年4月，“积极争取泛南海旅游经济合作圈成为国家战略”被写入海南省第七次党代会报告。

三 推动以服务贸易为重点的开放转型

服务贸易是近几年我研究的重点领域之一。在我看来，服务贸易不仅是衡量一个国家现代化水平的标志之一，也日益成为全球自由贸易进程的重点与焦点。例如，2010—2016年，全球服务贸易年均增长3.8%，快于货物贸易2.9个百分点；服务贸易占全球贸易总额的比重由20%上升至24%左右。全球自由贸易的障碍越来越多地涉及服务贸易开放问题。

1. 由以货物贸易为主向以服务贸易为重点的开放转型

作为“十三五”规划专家委员会委员，我参与了“十三五”规划从起草纲要到草案形成的整个过程。我建议将2020年我国服务贸易占外贸总额的比重提高至20%以上。总体判断是，在国内服务型消费需求全面快速增长的背景下，如果服务业市场开放有重要突破，到2020年服务贸易实现20%以上的目标是有条件的。更重要的是，在服务贸易成为全球自由贸易焦点的情况下，无论是区域全面经济合作伙伴关系（RCEP）、中日韩自贸区等多边自贸区谈判，还是中美、中欧等双边投资协定谈判，相当一部分都涉及服务贸易。加快我国服务贸易发展，是由贸易大国向贸易强国迈进的关键举措，也是提升我国在全球自由贸易进程中话语权的重要条件。正是在这一考虑下，我在第五届全球智库峰会、中国服务贸易年会以及政协会议等多个场合提出，要加快推进由货物贸易为主向以服务贸易为重点的开放转型。

2. 加快推动粤港澳服务贸易一体化

粤港澳服务贸易一体化的想法，源于我在粤港澳地区的调研感受。2015年，我到珠海横琴调研。我发现，澳门大学珠海校区外建了一堵高墙，听说以前还有一道铁丝网。澳门大学珠海校区内的部分学生来自内地，但所有师生不能自由进入横琴，更不能自由进入珠海市。据我了解，内地想去澳门上大学的人员比例在增加，澳门吸收内地学生来读书的需求也在增加。2016年，澳门高校中非本地居民学生的比例由2013年的36.8%上升至45.3%，来自内地的硕士生、博士生比例甚至已超过澳门本地学生。但目前的管理体制限制了内地与澳门之间的人文交流，也难以充分发挥澳门大学在人文交流方面的桥梁作用。

为此，我曾先后多次向广东省政府提出加快推进粤港澳服务贸易一体化，以此落实党的十九大报告提出的“要支持香港、澳门融入国家发展大局”。并在包括全国政协会议、南方智库论坛、横琴自贸片区专家委员会年度工作会议、泛珠论坛等多个场合多次呼吁。事后看来，这些建议得到了中央及广东省委、省政府的重视。2018年，《关于国务院印发进一步深化中国（广东）自由贸易试验区改革开放方案》中明确提出，“深入推进粤港澳服务贸易自由化”。我在2018年第七届“南方智库论坛”与第十二届“泛珠论坛”上再次呼吁了这件事，广东媒体也做了大篇幅报道。主要的建议是：第一，以开放为先，推动粤港澳服务业产业体系的深度合作。第二，以制度创新为核心，推动粤港澳服务业市场体系的直接融合。第三，以体制机制创新为重点，推动粤港澳服务业服务体系的全面对接。粤港澳服务贸易一体化不仅涉及服务业的服务标准、管理规则的对接，也涉及社会体制、行政体制的融合。

3. 以服务贸易为重点推动自贸试验区转型

在我国推动以服务贸易为重点的开放转型大背景下，在服务贸易方面先行先试、承担服务贸易开放压力测试的作用是自贸试验区的重大使命。从现实情况看，自贸试验区尚未在服务贸易开放方面破题。为此，在2016年的一次会议上，我提出，我们自贸试验区建设正处于一个“尴尬”的境地。为什么要这么说？一是自贸试验区对服务贸易限制较多，当时自贸试验区负面清单有122项，其中涉及服务贸易的有86项；二是自贸试验区服务贸易发展思路不明晰；三是自贸试验区制度创新自主权较小。基于这个分析，我提出了以服务贸易为重点推动自贸试验区转型的具体举措。第一，推动负面清单“瘦身”，争取2020年将负面清单数量缩小到40项左右。第二，加快对服务贸易开放的先行先试，引进国际管理和市场准入规则与经营管理方法，突破服务业领域的政策与体制障碍，为全面对接国际服务贸易规则积累经验。第三，以服务贸易为重点推进自贸试验区扩容，推动一批跨境经济合作区、跨境产业园区升级为自贸试验区。

2018年，最新公布的自贸试验区负面清单数量已缩减到45项，在开放方面实现了重要突破。未来几年，自贸试验区的重大任务不仅在于进一步削减负面清单长度，更要着眼于服务贸易发展创新负面清单制度，并显著提高负面清单管理的透明度。在实行“准入前国民待遇”的同时，更要突出“准入后国民待遇”，让民企、外资和国企享受同等待遇。

四 推进以服务贸易为重点的双边、多边自贸区进程

党的十八届三中全会《中共中央关于全面深化改革若干重大问题的决定》提出“以周边为基础加快实施自由贸易区战略”。2013年以来，在开展自贸区理论研究的同时，我把很大一部分精力放在以社会智库、社会学者的身份为中欧、中韩、中日韩等自贸区奔走呼吁。

1. 建议加快建立中欧自贸区

2014年4月1日，国家主席习近平在比利时布鲁日欧洲学院发表重要演讲，提出“建设改革进步之桥，把中欧两大

2013年6月5日，在国际德国论坛上与德国总理默克尔合影。

改革进程连接起来”[①]。当天下午，我在比利时布鲁塞尔召开的、由中改院与欧洲学院合作举办的“中国改革对欧盟及世界的影响”的高层研讨会上，提出中欧智库联合发起建立“中欧改革论坛”的倡议，引起与会欧洲智库的响应。会后，中改院与欧洲政策研究中心和德国国际合作机构于2014年11月1日在海口签订合作协议，正式设立“中欧改革论坛”。

2015年2月26—27日，由中改院与欧洲政策研究中心、德国国际合作机构联合举办的“中欧改革论坛”启动研讨会在比利时布鲁塞尔举行。世贸组织前总干事拉米在演讲中谈到：“第一，我很赞成迟先生为了更好推动中欧经贸合作进程而提出的主张；第二，中欧之间必须要探讨一条跟美国的TPP不同的贸易自由化的路子，这个可以找到；第三，中国好，欧洲才好。”在此次会议上，我提出“中欧智库加快中

① 《习近平在欧洲学院发表重要演讲》，《人民日报》，2014年4月2日。

2014年，在第六届中欧论坛暨第三届中欧政策与实践圆桌会议上。

欧自贸区可行性联合研究”的倡议。会后，欧洲政策研究中心负责人找到我，说愿意与中改院分头成立中欧自贸区研究课题组，开展中欧自贸区的可行性研究，然后向各自政府建议。

为了更好地开展中欧自贸区可行性研究课题，在2015—2016年的一年时间内，我去了欧洲7次。在我看来，建立中欧自贸区，是牵动影响全局的大事。如果能够建成中欧自贸区，既适应于我国经济转型升级的需求，又对欧洲经济复苏具有重要作用，更对国际经济治理格局产生重大影响。2016年5月，我们形成了《中欧自贸区——2020：深化中欧合作的重大选项》研究报告。在这份建议报告中，我们提出，2020年建立中欧自贸区，既有客观需求，又有现实可行性。为此，需要对现有的行动路径做出重要调整。建议尽快合并中欧BIT与FTA谈判，加快实施早期收获项目。我也在欧洲讲，他们应该解放思想，不能够投资谈完了再谈服务贸易，错过机会欧洲将错失重大的发展机遇。但遗憾的是，由于英国脱欧、欧洲难民危机，以及经济全球化新变局等，建立中欧自贸区的最好时机失去了。

2. 赴韩开展公共外交活动

2017年，受“萨德”问题的影响，中韩关系遭遇两国建交以来少有的严峻挑战。2017年4月，应中国驻韩大使馆的邀请，由我带队赴韩国开展公共外交活动。这次活动行程安排得特别满，在不到4天的时间内有6场学术活动，包括一场媒体采访与5场学术交流。在这次公共外交活动期间，我主要表达了几个观点：第一，中国是韩国最大的市场，韩方要避免出现战略误判。第二，建议韩方抓住“一带一路”机遇，加快中韩自贸进程。第三，不能为了解决短期矛盾而为长期合作发展制造更大的全局性隐患。这些观点得到了韩国媒体大篇幅报道，可以说在当时特殊的背景下，对促进中韩学术交流、增加共识等方面发挥了一定的作用。

3. 对中美贸易冲突的三点判断

2018年4月初，美国公布拟加征关税的中国商品清单，正式发起对我国的贸易挑战。当时，新华社记者采访我，让我谈一谈对中美贸易冲突的看法，我提了三点判断。

第一，中长期影响大于短期影响。2018年4月3日，美国发布建议征收中国产品关税的清单，拟对我国价值500亿美元的产品征税，发起了贸易挑战。综合各方面情况来看，这场挑战是在全球经济格局调整的大背景下发生的，具有一定的必然性；其影响不仅要看短期，而且要从世界经济格局的变化趋势看中长期影响。从短期看，全面对抗的可能性较小，短期影响有可能控制在一定范围内。但是，从中长期看，美国的贸易挑战有可能成为一个常态。美国发起贸易挑战，不仅仅是贸易逆差，而是美国对华战略大辩论、大反思和大调整后的结果，是中美两个大国关系调整与处理的一个过程。仅从经贸领域看，这个调整过程将是一个比较长的过程。

第二，间接影响大于直接影响。美国贸易挑战将对我国经济增长带来多方面的影响。从直接影响看，主要就是冲击中美经贸关系，影响中美企业正常的经贸往来。除了经济领域的影响外，还需要警惕其他非经济领域的影响。美国发起对华贸易挑战，有可能伴随着其他多种手段，从而形成间接影响，对此要引起警惕。比如，美国除了打贸易牌外，还有可能打出台湾牌、朝鲜牌、南海牌这样的组合牌，影响国际资本流向，严重干扰我国发展的外部环境。

第三，多边影响大于双边影响。美国贸易挑战，直接针对的是我国对美出口产品，这涉及双边经贸关系，是一种双边影响。除此之外，深层次影响可能将对以自由贸易为主线的经济全球化的进程带来冲击，影响的是“二战”后行之有效的多边经济合作机制。虽然美国对这个多边机制的建设做出了贡献，但美国绕开多边机制另起炉灶处理经贸关系的倾向比较明显。比如，某些西方发达国家共同发起对华贸易挑战，加大我国经济压力，对“一带一路”的实施和推动形成阻碍；更重要的是，会明显加大经济全球化的不确定性，使得传统的多边机制有可能被边缘化。

正是在这一判断下，我认为未来我国推动形成全面开放新格局，需要立足内需潜力释放这一最大的优势。在2018年南方智库论坛上，我系统阐述了这一观点。我认为，40年前，我国以低成本的劳动力优势融入全球经济；40年后，我国经济转型升级呈现出时代性趋势，其蕴藏的巨大内需潜力成为我国融入全球经济、进一步扩大开放的突出优势和最大本钱。

五　探索研究中国特色自由贸易港

2018年4月13日下午，习近平总书记在庆祝海南建省办经济特区30周年大会上的讲话中郑重宣布，“党中央决定支持海南全岛建设自由贸易试验区，支持海南逐步探索、稳步推进中国特色自由贸易港建设，分步骤、分阶段建立自由贸易港政策和制度体系”[①]。我当时就在会场，全场响起热烈的掌声。

当天晚上，我接受了中央电视台的采访。在采访中，我提到“总书记代表党中央郑重宣布，在海南全岛建立自由贸易试验区，再分步骤、分阶段来建立有中国特色的自由贸易港，真的，全场很激动”，讲到这里，我忍不住哽咽了，“因为为了这个事情，我们期盼了30年，有了这一条，海南

① 《习近平：在庆祝海南建省办经济特区30周年大会上的讲话》，新华网，2018年4月13日。

真的会实现我们的海南梦”。当时，我还叮嘱记者，不要播出我激动的这一段。2018年4月14日的《新闻联播》还是播出了。后来我收到了很多朋友发来的信息，他们对我在采访中的情不自禁表示理解，也深有感触。我的同事也收到很多信息，“为你们迟院长30年的不懈追求、不放弃感到敬佩”。讲真的，我在中央机关工作时，主动申请从北京来到海南，就是要投身到海南走向大开放的实践中来。我为这件事情坚持了30年，亲眼见证和参与了海南探索“大开放”的历程，这其中的辛酸苦辣鲜有人知。我和我的研究团队也感到，自己的辛苦没有白费，在推动海南自由贸易试验区和自由贸易港上升为国家战略中，发挥了一定作用。一个字：值！

2018年6月27日，在中国特色自由贸易港研究院成立大会暨揭牌仪式上。

1. 以更大开放办好最大经济特区

2017年6月，海南省委决定开展“建设美好新海南”大研讨大行动活动，深入学习贯彻习近平总书记2013年视察海南时的重要讲话精神。其中重点之一是对海南未来发展战略进行谋划。我带着我的团队，在6月的时候提交了一份报告，并做了两次汇报。6月16日，我们形成了《打造海南国际旅游岛升级版——从服务贸易项下的产业开放走向自由贸易区（研究框架）》的报告，并在当天下午向沈晓明省长做了专题汇报。6月20日，我们又向刘赐贵书记做了汇报。这两次汇报，都以“打造国际旅游岛升级版”为主题。在汇报会上，省委、省政府都委托了相应的研究课题，请我们在现有研究基础上进一步深化。

为更好地完成省委、省政府交办的课题，我们首先做了两方面的工作。第一，把2013年4月习近平总书记视察海南时的讲话再次认真研读。2013年习近平总书记就明确提出，海南“应该在开放方面先走一步”“为全国发展开放型经济提供新鲜经验”。第二，重新梳理了海南建省办经济特区以来的历程，对岛屿经济发展进行了比较分析。经过反复思考、论证，我们向省委、省政府正式提交了《以更大的开放办好最大的经济特区——关于海南全面深化改革的建议》。在这份报告中，我们提出“44条建议”，其中明确提出了“建立海南自由港的重大战略选择”这个建议。2017年7月18日在省委汇报，我先去刘赐贵书记办公室，把报告递给刘书记。刘书记一翻到自由港，就说，“这和我的想法是一致的”。汇报会由省委秘书长胡光辉主持。他一拿起报告，就说，如果把“以更大的开放办好最大的经济特区”写进中央对海南的支持的报告中，就是一大成功。

2. 关键之举是在全岛建立自由贸易港

在完成《以更大的开放办好最大的经济特区——关于海南全面深化改革的建议》报告后，我感觉还不解渴，意犹未尽，总觉得还需要再聚焦主题，更深一步。正好，2017年7月下旬，海南省委和中央有关部委在北京研讨海南发展战略问题，我让我院研究人员带着“44条建议”去参加会议。会议的内容事先并不清楚。会议一结束，我的同事给我电话，说会议研讨的第一个议题就是海南自由贸易试验区和自由贸易港。我一听到这个消息，意识到海南又迎来了一个历史机遇，走向大开放的海南梦又有希望了。

回想30年来我在海南的探索与追求，如果海南真的把自由港这件事做成了，海南就真的大有希望。一想到这里，我激动得整晚睡不着，又体会到了36岁来海南时的那股冲劲儿。第二天一早，我就组织研究人员讨论研究，主题就集中在“海南自由港”上面。到了2017年8月3日这天，也是我66岁的生日，我们主动完成了《建立海南自由港——方案选择与行动建议（16条）》报告，报送省委。此后，根据省委的建议，又增加了4条，形成了《建立海南自由港——方案选择与行动建议（20条）》报告。

2017年8月中旬，国家发改委何立峰同志带队来海南调研，听取海南下一步发展的意见和建议。由于当时我在国外，这次调研汇报我没有参加。但我们向省委提交的“自由港20条建议”成为汇报材料的两份附件之一。2017年10月18日，党的十九大报告提出“推动形成全面开放新格局”“探索建设自由贸易港”；2017年11月2日，《中共海南省委关于认真学习宣传贯彻党的十九大精神的意见》提出，“积极创造条件，探索建设自由贸易港”。这是海南发展的又一次重大机遇。

3. 向中央提交内参件，建言在海南建设自由贸易港

2017年底前后，根据我的了解，关于建立海南自由贸易港，有不同的看法。比如，从技术层面认为海南的条件还不太具备，建设自由贸易港的时机不太成熟。有的认为，海南的干部队伍能承担起这个艰巨任务吗？还有的认为，海南经济基础差，在这么一个欠发达地区、外向度低的省份建立开放程度最高的自由贸易港，能行吗？

对于当时不同的疑虑，我真是忧心忡忡，但海南不能再失去这一次机遇了。我决定向中央提交一份内参件。2018年2月8日，在接受新华社采访时，我提出，落实党的十九大报告“探索建立自由贸易港”，但讨论这件事的时候容易就海南谈海南，如何从国家战略全局分析判断建立海南自由贸易港，是讨论这件事的大前提。我认为，有4个问题需要深入讨论。

（1）建立海南自由贸易港究竟在推动新时代我国对外开放新格局中扮演何种特殊角色？第一，建立自由贸易港是推动形成泛南海经济合作圈的重大举措。第二，建立海南自由贸易港对促进以东南亚为重点的区域经济一体化有特殊作用。第三，建立海南自由贸易港，对于推动两岸合作、两岸统一有着特殊作用。第四，海南建立自由贸易

港，将加快推进海南建设现代化美丽宝岛的进程。总的来说，建立海南自由贸易港，一定要从国家战略全局上看，不能就海南看海南，要充分估计建立海南自由贸易港的全局意义、特殊作用。

（2）关于体制模式与政策落实的关系。30年的经历一再证明，海南作为一个岛屿经济体，如果没有体制模式的重大突破，政策是难以落实的。只有把体制模式创新与特殊政策相融合，才会产生巨大的活力、动力。就是说，给海南某些自由贸易政策，而不是建立自由贸易港。我认为，海南只有在开放上先走一步，只有实行自由贸易港的体制突破，才能够有发展的活力，才能够有发展的动力。关于制度的突破，有三件大事情。第一，建立自由贸易港，要赋予海南最大的自主权。第二，打破现有的各种体制的束缚。按照“一个大城市”，以“多规合一”为重点，实现体制创新。第三，企业制度创新。

（3）在建省办特区30年之际建立海南自由贸易港的时机最佳、条件最优、作用更大。总的来看，在经济全球化新的背景下，面对目前南海比较有利的形势，宣布建立海南自由贸易港，既会对十九大后我国扩大开放产生重大影响，又会对南海经济合作起到实质性推动作用。

（4）海南有能力化解和防范潜在风险。从当时的各方疑虑看，主要集中在以下几方面：财税、金融、环境、人口承载力、产业、人才、政府管理。这些顾虑主要集中在风险上。事实上，在我看来，只要设计妥当，这些风险是完全可以控制和化解的。

我在这份内参件的最后写道，总的来看，海南建立自由贸易港的全局意义与当初不可比拟，条件不可比拟，机遇不可比拟。要把握全局，充分估计海南建立自由贸易港的特殊作用。不下大决心，不逼上一条死路，海南就没有更大的发展空间。作为岛屿经济体，海南只有通过大开放，才能起到别的地方起不到的作用。

4. 以自由贸易港为目标高标准高质量建设海南自由贸易试验区

习近平总书记“4·13”重要讲话后，我对海南未来发展充满期待，但更多的是在考虑怎么把海南自由贸易港这篇大文章写好，怎么才能实现中央12号文件对海南发展目标的要求，从海南自由贸易试验区走向自由贸易港。当时，我接到省里的安排，于2018年4月17—19日参加刘赐贵书记考察团赴广东自由贸易试验区考察学习。记得在18日早上6点，刘赐贵书记就组织考察团成员开会讨论海南自由贸易区（港）如何推进的问题。有人认为，现阶段只能谈自由贸易试验区，不能谈自由贸易港，因为中央12号文中的要求是“到2020年自由贸易试验区取得重要进展”。我在会上表示，讨论自由贸易区只是在海南特定情况下建设自由贸易港的一个起步、一个过渡，要以自由贸易港为目标来推进海南自由贸易试验区的建设进程。4月22日，中改院在北京召开“中国（海南）自由贸易港建设专家座谈会”。在会上，有位专家提出：“中央提出的逐步探索建设自由贸易港，有多种选项。可能在全岛自由贸易区的基础上选择一些局部的地区，建立一个海关特殊监管区的方式，探索建立一个自由贸易港。”我当即表示，海南自由贸易港绝不只是选一些地区建自由贸易港，而是要全岛建，这是必须要明确的。

这几次活动，让我意识到各界关于海南自由贸易港的理解，并没有形成共识。因此，我组织研究力量提出了相关建议。2018年5月2日，沈晓明省长来中改院调研，我当时做了“尽快从自由贸易区走向自由贸易港”的专题汇报。我提出要以习近平总书记“4·13”重要讲话和中央12号文件为依据，着力处理好三大关系。第一，着力处理好自由贸易区和自由贸易港的关系，以自由贸易港引领自由贸易区建设，要明确海南大开放的目标是自由贸易港。第二，着力处理好政策和体制的关系，以体制改革的活力释放政策的效力。第三，着力处理好海南和中央部委的关系，“赋予海南更大改革自主权”。汇报结束后，我专门补充强调一点，一定要向海内外说清楚，海南建设自由贸易港，是全岛建设，而不是在局部地区建设。在这个问题上，不要产生任何的误读。

6月29日，中改院向省委、省政府提交了《高标准高质量建设自由贸易试验区——建设海南自由贸易港的基本要求和重要基础（10条建议）》。总的建议是：按照中央要求，以中国特色自由贸易港为目标，高标准高质量建设自由贸易试验区；用2～3年的时间取得自由贸易试验区的重要突破，为海南自由贸易港建设打下重要基础。

5. 筹建中国特色自由贸易港研究院

2018年4月15日，沈晓明省长指示，希望我们能够筹建一个直接服务于海南省委、省政府推进中国（海南）自由贸易港建设政策决策的智力支持机构。根据指示，我院征求相关专家意见，于4月16日形成了《中国（海南）自由贸易港研究院组建与运行方案设计（讨论稿）》。4月22日，中改院在北京召开中国（海南）自由贸易港建设专家座谈会，进一步讨论研究院建设的相关事宜。

5月9日，海南省政府正式批复同意成立自贸院。自贸院由中改院牵头，中国南海研究院、海南大学、海南师范大学等单位参与共建。自贸院将以自贸试验区、自贸港的理论和政策研究为特色，开展有关课题研究、参与重大问题的讨论和决策、提供人才培训服务等业务工作。6月27日上午，中国特色自由贸易港研究院成立大会暨揭牌仪式在中改院举

2018年4月13日，在“以更大开放办好最大经济特区　《策划天涯30略》《我的海南梦》新书发布会”上。

行，省长沈晓明专门为自贸院成立做出批示。自贸港研究院获得批复成立后，我们就立即组织开展相关研究、研讨与培训活动。

此后，研究院全力开展自贸试验区、自由贸易港的专题研究，先后形成《建设中国（海南）自由贸易试验区和中国特色自由贸易港的总体思路》《尽快形成海南自由贸易港总体方案的建议（20条）》《高标准高质量建设自由贸易试验区——建设海南自由贸易港的基本要求和重要基础（10条建议）》《以服务贸易创新发展为主导研究设计海南负面清单的框架建议（10条）》《海南全面实施企业自主登记制度改革方案（36条）》等建议报告。研究成果以《专报》形式及时上报省委、省政府领导和相关部门，得到高度重视。这些《专报》系统阐述了我对海南自由贸易港建设的思路性建议，主要概括为五点：第一，以服务国家重大战略为目标。第二，以建设中国特色自由贸易港为主题。第三，以服务贸易创新发展为主导。第四，以全面制度创新为核心。第五，以顶层设计、顶层协调为保障。

捌

建言新时代改革

——“二次改革”

2010年1月，《第二次改革：中国未来30年的强国之路》出版，当中我提出了改革开放30年之际如何推进下一步改革的基本考虑。（此书的主要结构是：《绪论　下一个30年：第二次改革》；《第一章　后危机时代改革的历史机遇》；《第二章　发展型新阶段与第二次改革的新起点》；《第三章　消费主导时代的改革》；《第四章　公共产品短缺时代的改革》；《第五章　政府转型时代的改革》；《结语　走向结构性改革》。）《第二次改革：中国未来30年的强国之路》一书出版后，一年加印6次。一些省市地方政府把它作为干部参考读物，有的省市发改系统、政府研究系统把它作为制定“十二五”规划的参考用书。

如今回头看，我认为书中提出的释放内需、扩大消费、实现公平与可持续发展等观点仍然是当前需要研究的重大课题，提出的部分观点与改革举措对当前全面深化改革仍具有一定的借鉴参考作用。

当前，进入发展新时代，全面深化改革开放取得重要进展，但仍面临一系列突出的矛盾与问题。习近平总书记在庆祝海南建省办经济特区30周年大会上讲话中指出，“当前，改革又到了一个新的历史关头，推进改革的复杂程度、敏感程度、艰巨程度不亚于40年前”。

今天，客观总结40周年改革开放的基本经验与突出矛盾，部署新时代全面深化改革开放，仍面临许多新的重大课题需要研究。我与中改院的同事初步商量决定，将“二次改革”作为2019年中改院改革年度研究报告的主题，尝试研究“二次改革”的重大问题。

一　改革开放40年的基本实践与突出挑战

2019年初，有媒体采访我，问我能不能用最简单的语言讲一讲改革开放为什么能取得巨大成功？我说了三点："把门打开，把市场搞活，把激励搞对。"我认为，在庆祝改革开放40周年之际，需要客观系统地总结我国改革开放40年来的基本实践与突出挑战。

我在《改革》2018年第8期发表了《改革开放40年建立与完善社会主义市场经济体制的基本实践》一文。这一段时间，我先后受邀在多个培训班讲课，系统性地就改革开放40年的基本实践与突出挑战论述了自己的观点。主要观点有以下几个方面。

1. 我国开始进入工业化后期，推进以制造业转型升级为重点的实体经济发展

改革开放以来，我国仅用了几十年时间，就成为世界制造业第一大国。从全国总体水平来说，我国开始进入工业化后期。

（1）改革开放40年：从工业化初期到工业化后期的历史性跨越。从我国人均GDP、产业结构、城镇化结构、就业结构等指标来看，经过改革开放40年，我国已总体进入工业化后期（见表3）。

表3 工业化不同阶段的标志值以及我国进程

基本指标	工业化初期（1978年）	工业化中期（2007年）	工业化后期（2017年）
人均GDP/美元（2010年不变价美元）	308（低于3308美元）	3489（符合3308～6615美元的标准）	7329（符合6615～12398美元）
产业结构	27.7∶47.7∶24.7（符合第一产业占比大于20%且第一产业占比低于工业占比的标准）	10.3∶46.9∶42.9（符合第一产业占比小于20%且第二产业占比超过第三产业占比的标准）	7.92∶40.46∶51.63（符合第一产业占比小于10%且第三产业占比超过第二产业占比的标准）
城镇化率	17.9%（符合低于30%的标准）	45.9%（符合30%～50%的标准）	58.5%（符合50%～70%的标准）
第一产业就业占比	70.5%（符合超过50%的标准）	40.8%（符合30%～50%的标准）	27.7%（符合低于30%的标准）

指标来源：黄群慧：《中国的工业化进程：阶段、特征与前景》，《经济与管理》2013年第7期。

数据来源：人均GDP（2010年不变价美元）数据来源于世界银行数据库；其他数据来源于《中国统计年鉴2017》。

（2）改革开放40年：政府与市场关系的重大变化。我将我国由工业化初期到工业化后期的历史性跨越的根本原因概括为“从计划作为资源配置的主要手段逐步转变为市场在资源配置中起决定性作用和更好发挥政府作用”。

——价格改革：从计划决定价格到市场供求关系决定价格。改革开放以来，我国以价格改革为核心，逐步确立了供求决定价格的市场体系。重要的改革实践包括放开小商品和农副产品价格，发展农副市场，发展各类生产资料市场等。截至1997年，我国社会商品、工业生产资料、农副产品收购中，按市场价格交易的比重分别达到93.2%、81.6%、80.5%，比1978年分别提高了91.4个百分点、81.6个百分点和73.1个百分点。[①]

——市场体系：从引入竞争机制到构建公平竞争的现代市场体系。在放开价格后，不断扩展市场竞争机制的作用范围，推动越来越多的商品市场从卖方市场转向买方市场；逐步构建从产品市场到要素市场的完整市场体系（包括土地市场、资金市场、劳动力市场、科技市场等）；打破地区市场分割，推动全国统一市场建设。

——民营企业：从“必要补充”到“重要组成部分”。总的来看，民营经济的发展经历了从允许到松绑、从承认到鼓励发展、从政策支持到完善体制的过程。目前，民营经济已经成为我国国民经济的重要组成部分，民营企业在国民经济发展格局中的地位和作用可以概括为“56789”。即税收贡献超过50%，国民生产总值、固定资产投资、对外直接投资均超过60%，高新技术企业占比超过70%，城镇就业超过80%，对新增就业贡献率达到90%。[②]

——国有企业：从放权让利向做强做优做大国有资本转

① 张卓元、房汉廷、程锦锥：《市场决定的历史突破——中国市场发育与现代市场体系建设40年》，广东经济出版社，2017，第22页。

② 《党的十九大举行第三场记者招待会介绍党的统一战线和对外交往有关情况》，人民网，2017年10月21日。

变。我国国企改革从放权让利、扩大企业自主权开始。党的十四届三中全会提出建立“产权清晰、权责明确、政企分开、管理科学”的现代企业制度；党的十六大报告提出“发展混合所有制经济”；党的十八届三中全会提出“以管资本为主加强国有资产监管”；党的十九大报告进一步提出“推动国有资本做强做优做大”。

——宏观体制：从指令性计划管理到宏观调控。伴随着市场体系的建设、市场主体的形成，宏观体制改革经历了从指令性计划管理到宏观调控的重大改革历程。

（3）进入工业化后期，实体经济发展的突出挑战。在我看来，进入工业化后期阶段并不意味着工业化进程已经结束。实际上，我国工业化进程正处在“爬坡过坎”的关键阶段，制造业“大而不强”的矛盾突出。例如，我国在核心技术、关键技术上对外依存度高达50%，高端产品开发70%的技术要靠外援，重要零部件有80%需要进口。[①]因此，以制造业转型升级为重点的实体经济发展成为工业化后期的重大任务，这需要深化科研教育体制改革、降低实体经济成本、发展民营经济、推进产权保护制度化法治化进程等一系列重要突破。

2. 我国开始进入消费新时代，深化以服务业市场开放为重点的供给侧结构性改革

经过40年改革开放，我国发展取得了巨大进步。生存

① 刘璐璐：《我国核心关键技术对外依存度高达50%》，《经济参考报》，2015年12月22日。

型、物质型需求得到很大程度的满足，全社会对品质消费、服务型消费的需求明显增长。我国成功实现从短缺经济社会到消费新时代的历史性提升，其根本原因在于以协调利益关系为重点的改革不断深化。进入消费新时代，面对“有需求、缺供给”的突出矛盾，需要深入推进以服务业市场开放为重点的结构性改革。

（1）改革开放40年，我国成功实现从短缺经济社会到消费新时代的历史性提升。在我看来，进入消费新时代，品质消费、服务型消费已逐渐成为人民日益增长的美好生活需要的主要内容。

（2）改革开放40年，协调利益关系的重大突破。我国从短缺经济社会开始进入消费新时代，是在逐步协调区域、群体利益关系的改革中实现的。与之前相比，当前协调利益关系呈现出三大突出特点。第一，城乡利益关系协调：从城乡二元经济社会结构转为统筹城乡协调发展。第二，区域利益关系协调：从非均衡发展走向协调发展。第三，群体利益关系协调：从一部分人、一部分地区先富起来到逐步实现共同富裕。

（3）消费新时代面临“有需求、缺供给”的突出挑战。目前，工业领域尤其是制造业领域95%完全开放，但服务业领域50%左右仍面临市场垄断与行政垄断。由此导致服务供给总量不足、质量不高、效率不优的矛盾问题比较突出，某些方面社会反映强烈。在经济全球化的大趋势下，服务业市场不开放，消费者就会“用脚投票”，相当多的服务型消费需求就会外流。为此，需要以服务业市场开放作为深化供给侧结构性改革、破解消费领域“有需求、缺供给”突出矛盾的“重头戏”。

3. 我国开始进入对外开放新阶段，形成以服务贸易创新发展为重点的对外开放新格局

改革开放40年来，我国成功把握经济全球化浪潮所带来的历史机遇，始终坚持对外开放的基本国策，成功实现从封闭半封闭到全方位开放的重大转折。其根本原因在于伴随开放进程的不断深入，我国逐步探索建立开放型经济体制，并由此走出一条以扩大开放倒逼改革、以深化改革促进扩大开放的路子。当前，服务贸易不仅成为全球自由贸易进程的焦点，而且成为我国开放转型的重点。加快推进服务贸易发展，不仅是新阶段推动形成全面开放新格局的重大任务，而且是我国经济在中长期持续释放巨大内需潜力的重要推动力，更是提升我国在全球经济治理地位及全球贸易制度性话语权的重要条件。

（1）40年对外开放不仅深刻改变中国，也深刻影响世界。例如，我国成为世界第一大货物贸易国、吸引外资最多的发展中国家、全球第三大对外投资国和发展中国家中最大的对外投资国。我国在实现快速发展的同时，也深刻影响世界经济发展。例如，2013—2017年，我国对世界经济增长的平均贡献率超过30%，超过美国、欧元区和日本贡献率的总和[①]。

（2）改革开放40年：建立开放型经济体制的重大突

① 侯露露、管克江：《五年来中国经济贡献率超美国欧元区和日本总和》，《人民日报》，2018年4月16日。

破。伴随开放进程的不断深入，我国逐步探索建立开放型经济体制，并由此走出一条以扩大开放倒逼改革、以深化改革促进扩大开放的路子。从基本历程来看，我国的对外开放以兴办经济特区为突破口，完成了由经济特区到沿海开放城市，再向内地扩展的多层次的探索和实践。加入世界贸易组织后，为使国内经济制度与国际贸易规则接轨，中央政府部门清理各种法律法规和部门规章2300多件，地方政府共清理地方性法规和政策19万多件。[①]党的十八大以来，我国提出并积极推进“一带一路”建设，坚持“引进来”与“走出去”并重；从设立自由贸易试验区到探索建设自由贸易港，加快构建开放型经济新体制；通过世界经济论坛、G20峰会、上海合作组织等途径积极参与全球经济治理。我国正加快由经济全球化的参与者、追随者向推动者、促进者转变。

（3）服务贸易发展相对滞后推动形成全面开放新格局的突出挑战。我国经济转型升级对服务贸易的依赖性明显加大，我国建立完善市场经济体制很大程度上在于服务业市场开放。2017年，我国服务贸易占外贸总额的比重仅为14.5%，比2016年下降了0.6个百分点，比2016年全球平均水平低了近10个百分点。服务贸易发展相对滞后，已经成为制约我国经济高质量发展的因素之一。

① 中华人民共和国国务院新闻办公室：《中国与世界贸易组织》白皮书，2018年6月。

二 “改革跑赢危机”仍是“二次改革”的重大课题

我在中改院2009年改革年度研究报告《危机挑战改革》中对2008年国际金融危机提出了三个判断：第一，危机前所未有，这场国际金融危机不仅在世界范围内是百年一遇的，也是我国改革开放30年来遭遇的最大挑战。第二，危机的影响不是局部的，而是全局的，不仅冲击我国经济领域，也将对社会等其他领域产生深远影响。第三，危机的影响不是短期的，而是中长期的。

2013年7月，正值十八届三中全会召开前夕，我主持完成并向中央有关部门提交《改革跑赢危机的行动路线（30条建议）》的政策建议报告。这份建议报告以“经济转型到了关节点、社会转型处于临界点、治理转型到了关键点”为基础性判断，提出经济体制、社会体制、行政体制改革的具体举措。这份建议报告成为十八届三中全会《中共中央关于全面深化改革若干重大问题的决定》起草的参阅件。

今天来看，“改革跑赢危机”仍然是我国当前全面深化改革开放的重大课题：一方面，我国经济下行压力不断加大，实现高质量发展面临前所未有的挑战；另一方面，我国发展的外部环境明显变化，既面临着贸易保护主义的挑战，又面临着世界经济格局深刻变化的挑战。在这个特定背景下，需要在全面深化改革开放上取得重要突破。

1. 改革是中国的最大红利

2013年初，我发出了“改革是中国的最大红利”的呼吁。为什么这样讲？虽然我国过去30多年依靠人口等低成本要素红利实现了经济高速发展，但人口老龄化、要素高成本等趋势日益明显。同时也要看到，我国消费及人口城镇化蕴藏着巨大的内需潜力，这一潜力的释放直接依赖于改革的突破。为此，中改院将《改革红利：十八大后转型与改革的五大趋势》一书作为2013年改革年度研究报告的主题。可以说，这本书在形成改革共识、推动改革行动方面发挥了重要作用。例如，我们在书中测算，如果城乡二元制度能在近一两年实现重要突破，未来10年，我国人口城镇化率有条件实现年均提高1.2个百分点，将再有2亿农民进入城镇，加上现有的1.6亿农民工，新增城镇人口将达4亿人左右。现在来看，这件事情仍然没有破题，破解城乡二元制度的时间和空间约束也明显增强。

2. 以化解风险和危机为导向的改革攻坚

我牵头主笔的《改革跑赢危机的行动路线（30条建议）》提出了三大风险与危机：第一，经济转型到了关节点，经济矛盾和风险日益凸显。第二，社会转型处于临界点，利益关系失衡日益突出。第三，治理转型到了关键点，腐败问题正在成为引发危机的导火索。为此，我们建议，要客观把握全面转型的大趋势，抓住突出矛盾和问题，以化解风险和危机为导向，形成未来3～5年改革攻坚的行动路线。

3. 加快形成改革跑赢危机的行动路线

在《改革跑赢危机的行动路线（30条建议）》中，我们提出，我国改革正处于深水区和攻坚期。与以往相比，改革的深刻性、复杂性、艰巨性前所未有：转型与改革交织融合，经济转型、社会转型、治理转型都直接依赖于重大改革的突破；利益失衡的矛盾日益突出，改革需要在调整重大利益关系上取得进展；转型倒逼改革，改革的时间和空间约束全面增强。在这个特定背景下，改革与危机赛跑的特点突出，尽快形成"改革跑赢危机"的行动路线至关重要。在此基础上，报告提出"三大改革攻坚"：一是以理顺政府与市场关系为重点的改革攻坚；二是以协调利益关系为重点的改革攻坚；三是以着力解决体制机制性腐败为重点的改革攻坚。

从近几年改革的实际进展看，有些领域的改革进展较快，并且有实质性突破，但有些领域的改革滞后，并出现了改革"打滑、空转"的现象。从某种程度来看，尽快形成"改革跑赢危机"的行动路线依然至关重要。当前，尤其需要防止以增长取代转型、以政策调整取代改革、以小修小补的改革取代深层次改革、以文件取代行动等。

三 扩大内需成为"二次改革"的重大战略选择

2009年12月，在《第二次改革：中国未来30年的强国之路》一书的新书发布会上，我做了题为《以公平与可持续发展为目标的“第二次改革”》的发言。如何以实现公平可持续发展为目标推进第二次改革？我在《第二次改革：中国未来30年的强国之路》中提到，我国处于生存型阶段，国民经济是短缺型经济，经济体制改革的迫切任务是解决有效供给问题。经过30年的改革发展，我国已由生存型阶段步入发展型阶段，有效需求不足已成为国民经济的常态。进入后危机时代，国内有效需求不足的矛盾进一步凸显。在这个特定背景下，未来一个时期的经济体制改革需要服务于扩大内需的基本要求。此后，沿着这一思路，中改院先后以“民富优先”“消费主导”“改革红利”为主题，形成了2011—2013年中国改革研究报告，系统论述了内需潜力与改革行动建议。

2018年以来，我国发展的外部环境明显变化，投资增速等指标不断下滑。这使我意识到，10年前提出的以改革破解扩大内需、释放消费面临的政策和体制障碍仍然具有很强的现实意义。为此，我与中改院的同事们完成了《释放内需的巨大增长潜力——加快完善社会主义市场经济体制的建议（24条）》的研究建议报告，并以此作为中改院对庆祝改革开放40年的一份献礼。

这份建议报告总的建议是：完善社会主义市场经济体制需要从内外环境变化出发，把解决经济增长的短期问题和中长期问题有机结合起来，在加大基础设施领域补短板力度的同时，更需要牢牢把握释放内需市场潜力这一战略基点。通过深化市场化改革，着力解决制约经济转型升级的体制瓶颈，打破制约内需潜力释放的体制掣肘，既为短期稳定经济创造有利的市场条件，又为中长期发展创造良好的制度预期。

1. 我国经济转型升级蕴藏巨大的内需潜力

（1）消费结构升级蕴藏巨大内需潜力。2017年我国最终消费支出占GDP的比重为53.6%，如果到2020年能达到60%，届时消费规模将达到45万亿～50万亿元，新增市场空间将达10万亿元甚至以上。

（2）产业结构升级蕴藏巨大内需潜力。我国服务业占GDP比重仅略高于低收入国家水平，低于世界平均水平与中等收入国家水平。如果到2020年我国服务业占比达到中等收入国家的平均水平，服务业规模将有望达到50万亿元，新增市场空间将达到10万亿～12万亿元。

（3）人口城镇化和乡村振兴蕴藏巨大潜力。预计到2020年，我国户籍人口城镇化率将由2017年的42.35%提高到45%，常住人口城镇化率将由2017年的58.52%提高到60%～65%。人口城镇化与乡村振兴的“双轮驱动”将带来巨大投资消费需求。以消费为例，2017年，我国1个城镇居民的消费水平相当于2.65个农村居民。如果农村居民消费水平能接近或达到城镇居民的消费水平，一年可带来10万亿元的新增消费。

2. 内需潜力的充分释放能够支撑我国经济的中速增长

（1）内需潜力释放有条件支撑我国经济未来10年6%的增速。如果2020年我国消费规模达到50万亿元，未来几年经济增速有望保持在6.5%左右。以服务业为例，过去10年服务业每增长1个百分点，可以带动经济增长0.43个百分点。如果服务业保持8%～9%的增速，每年将带动3.8～4.3个百分点的增长。

（2）内需潜力释放奠定我国高质量发展的重要基础。一是充分就业基础上的增长。服务业年均增长9%，每年吸纳就业将达到1000万人左右，到2020年服务业就业人员有望达到4亿人，占总就业人员比重达到50%左右。二是收入分配结构优化基础上的增长。如果服务业占比能够提高到55%左右，国民收入分配中的劳动者报酬占比就有可能从2016年的47.46%提高到2020年的50%左右，由此我国中等收入群体比重有望提高到35%左右。三是符合绿色要求的增长。初步测算表明，如果服务业占比提高到55%，以2012年GDP总量估算，到2020年能耗总量将减少消耗14.16%，二氧化硫排放总量将减少18.23%。

3. 巨大的内需潜力是形成全面开放新格局的突出优势

2018年7月，我在南方智库论坛上的主旨演讲中系统提出了“以释放内需潜力为基础推动形成全面开放新格局”的观点。其中第一点谈到，“40年前，我国以低成本的劳动力优势融入全球经济；40年后，我国经济转型升级呈现出时代性趋势，其蕴藏的巨大内需潜力成为我国融入全球经济、进一步扩大开放的突出优势和最大本钱”。为什么这样讲？我举一个消费的数字。估计2016—2021年我国消费增量将高达1.8万亿美元，相当于2021年英国的消费市场规模。可以看出，我国巨大的内需市场，将成为全球经济的最大亮点，成为美、欧市场关注的重点，也是我国立足自身、把握趋势、释放内需、赢得主动的关键。

四 “赢在转折点”仍是“二次改革”需要解决的重大问题

十八届三中全会以来，我国发展的内外环境发生了重要变化。为此，中改院在2015年、2016年先后出版了《转型抉择2020：中国经济转型升级的趋势与挑战》《转型闯关：“十三五”结构性改革历史挑战》，探讨以经济转型升级为目标的供给侧结构性改革。此外，2015—2017年，我连续向全国政协提交了6份提案，建议以经济转型升级为目标、以处理好政府与市场关系为重点、以服务业市场开放为重大举措，推进供给侧结构性改革。

2016年我在浙江调研中意识到，一个企业也好，一个地区也好，常常不是赢在起点，而是赢在转折点。为此，在对经济转型升级大趋势与结构性改革的研究基础上，我出版了《赢在转折点：中国经济转型大趋势》一书。此书荣获中国出版协会认定的“2016年度中国30本好书”。

2017年2月，正值党的十九大召开前夕，我与中改院同事提交了《2020：赢在转折点的改革行动（30条建议）》，系统提出了“十三五”以经济转型升级为目标的结构性改革建议。这份建议被列为十九大报告起草组参阅件。

1. 服务业市场开放是“二次改革”的重头戏

最近几年，我在全国政协、各种会议论坛还有媒体采访时，都一再呼吁要推动服务业市场开放。无论是在《2020：赢在转折点的改革行动（30条建议）》，还是《释放内需的巨大增长潜力——加快完善社会主义市场经济体制的建议（24条）》中，我都将服务业市场开放列为改革的首要任务。也有很多人对此表示不理解，认为服务业怎么能全面开放呢？他们认为服务业开放必然涉及意识形态与国家安全，不能全面开放。但在我看来，在经济全球化的大背景下，服务业市场开放有风险，不开放更有风险。服务业市场开放后，涉及的风险主要在监管层面。

我认为服务业市场开放牵动影响我国经济转型升级全局，服务业市场开放决定经济转型升级成败。为什么这样说？第一，消费新时代要求以服务业市场开放扩大生活性服务业供给。但由于服务业市场开放不足，生活性服务业领域不仅“有需求、缺供给”，更缺乏高质量供给。第二，工业化后期要求以服务业市场开放扩大生产性服务业供给，推动制造业转型升级。目前，我国生产性服务业占服务业的比重与服务业占GDP的比重与德国等国家相比，均相差20个百分点左右。第三，开放新阶段要求以服务业市场开放推动服务贸易发展，提升我国国际经济竞争力。服务贸易实质上是服务业的全球竞争，服务贸易发展滞后的根源在于服务业市场开放滞后，导致服务业全球竞争力不强。第四，第四次工业革命要求以服务业市场开放实现新经济快速发展。例如，如果没有医疗市场的开放，就很难有“互联网+医疗”的创新。

2. 服务业市场开放重在打破市场垄断与行政垄断

我对服务业市场开放滞后概括为“三低一高”，即服务业市场化程度低、服务业对外开放的程度较低、服务型经济水平低、服务价格偏高。其中市场化程度低主要是指市场垄断与行政垄断问题突出。因此，我提出“服务业市场开放是市场化改革的‘最大红利’”，释放这一红利，关键是要打破市场垄断和行政垄断。我在《释放内需的巨大增长潜力——加快完善社会主义市场经济体制的建议（24条）》中提出：第一，破除服务业领域的市场垄断和行政垄断。推动服务业领域国有资本战略性调整，全面推进垄断行业向社会资本开放；打破服务业市场分割和区域壁垒，凡是法律法规没有明令禁入的服务业领域，都应该向异地社会资本开放。第二，加快形成市场决定服务价格的新机制。区分基本公共服务与非基本公共服务，实施差别定价机制；对基本公共服务领域，政府仍保留定价权以保障公益性；对非基本公共服务，全面放开价格管制。第三，加快服务业发展的政策调整。实现服务业与工业用地政策平等，实现体制内外人才政策待遇平等，实现政府采购政策待遇平等。

3. 以降低制度成本为重点振兴实体经济

我国巨大的内需潜力优势要转化为实体经济的发展优势，关键在于通过深化改革降低制度成本。问题在于，能否以市场化改革打破制约实体经济发展的某些制度性障碍。这就需要加快产权保护和要素市场化配置，大幅减轻企业和居民负担，扭转资源配置“脱实向虚”的趋势。因此，我在《释放内需的巨大增长潜力——加快完善社会主义市场经济体制的建议（24条）》中提出：第一，以大幅降低企业税负为重点，改革税收制度。第二，以激活创新要素为导向，改革科技体制，承认并充分保护科研人员的合法利益。第三，以混合所有制改革为重点，加快国有资本战略性调整，使国有资本在推动产业结构变革、扩大实体经济有效供给中发挥重大作用。第四，以产权保护制度化、法治化为重点，稳定社会资本预期，激发社会资本活力。

4. 关键仍然是处理好政府与市场关系

在《2020：赢在转折点的改革行动（30条建议）》中，我提出“处理好政府与市场关系决定结构性改革成败”的判断；在《释放内需的巨大增长潜力——加快完善社会主义市场经济体制的建议（24条）》中进一步提出“以优化营商环境为重要目标处理好政府与市场关系”。在我看来，深化结构性改革，要紧紧抓住政府与市场关系这个“牛鼻子”，使市场在资源配置中起决定性作用，在激发市场活力、企业活力上形成良好的制度预期，并实现全面深化改革的重大突破。我们在两份建议报告中均提出了相关改革建议，概括起来为：第一，以打造国际化、法治化营商环境为重点深化简政放权改革。第二，以提高政府效能为重点激发市场活力。第三，更大范围地实施竞争政策，营造公平竞争的市场环境。第四，在加快市场开放中重构市场监管体系。第五，以强化公共服务为重点推进政府职能转变。

五　全面深化改革赢得未来

2018年10月27日，中改院召开以“改革开放的中国与世界”为主题的国际论坛，以此作为“中国改革智库”庆祝改革开放40周年的一份献礼，也借此研讨新起点我国推进“二次改革”的基本思路与重大举措。在这次论坛上，我发表了题为《全面深化改革赢得未来》的主旨演讲。我在演讲中提到，改革开放40年，我国通过建立并不断完善社会主义市场经济体制，极大地激发了市场活力与经济活力，实现了GDP年均9.5%、人均GDP年均8.5%的增长，经济总量在全球的份额从1.8%上升至15%；2013—2017年，中国对世界经济增长的平均贡献率超过30%。40年的实践充分证明：“改革开放这场中国的第二次革命，不仅深刻改变了中国，也深刻影响了世界！”

同时，我国全面深化改革开放，面临着内外环境重要变化带来的新矛盾、新挑战、新任务。今天，我们总结改革开放40年的历史成就与重要经验，不是为了彰显成就，而是为了取得全面深化改革开放的重大突破，充分释放市场活力和社会活力。由此，我国就有条件有效应对全球化新变局，就能赢得中长期的可持续发展。

在此考虑下，我就下一步改革提出了自己的三点意见。

1. 我国开始进入工业化后期，推动制造业转型升级，关键在于改善实体经济发展的大环境

我认为，改革开放40年来，我国成功实现了从工业化初期到工业化后期的历史性跨越，主要得益于以处理好政府与市场关系为重点的市场化改革，得益于积极融入全球价值链、学习借鉴国际先进水平推动工业化进程。当前，中国开始进入工业化后期，顺利地推进制造业转型升级为重点的实体经济发展，成为全面深化改革开放面临的重大任务。

（1）以产权保护为重点形成促进民营经济发展的法治基础。民营经济是改革开放40年的重大成果，是制造业转型升级的重要力量。目前制造业领域民营企业数量占比已在90%以上，民间投资的比重超过85%；65%的专利、75%以上的技术创新、80%以上的新产品开发，是由民营企业贡献的。当前，制造业转型升级面临着的突出挑战在于民营经济发展的不确定性加大，民营经济面临生存和发展的严重困难。由此，导致民间固定资产投资增速不断下滑。究其原因，民营经济产权保护法治化进程滞后是重要因素之一。有数据显示：26.1%的民营企业认为财产更不安全了，影响了企业家在国内长期投资的信心；半数以上受访者认为在民企合法权益保护方面“改善不明显”或“没有改善”，缺乏安全感。这种情况得不到改变，制造业转型升级就很难突破，经济持续增长就很难稳住。当务之急是加快形成民营经济发展的法治基础。为此建议：尽快出台促进民营经济发展的法律法规，形成支持民营经济发展、稳定企业家预期、保护企业家精神的一系列的正式制度安排。由此，为制造业转型升

级提供有利的市场环境。

（2）以降低制度性交易成本为重点重塑中国制造竞争优势。过去40年，“中国制造”依托低成本优势快速崛起；随着中国制造的人工、材料、环境、土地等要素成本渐次上涨，今天要素的低成本优势正在逐步减弱。成本的快速上升，客观上制约了制造业企业转型升级。这就需要通过系统的制度变革着力降低制度性交易成本，使中国制造业重获新的综合成本优势：一是尽快大幅降低企业税收负担、社保费用负担，重点减轻小微企业税费，防止出现民营企业大面积关闭的情况；二是大力发展与实体经济融资需求相匹配的普惠金融，着力降低企业融资成本；三是破除能源、交通等领域的行政垄断，着力降低能源和物流成本；四是尽快实施企业自主登记制度，取消企业一般投资项目备案制，加快建立自由企业制度。

（3）以激活创新要素为重点发展中高端制造业。当前，制造业向服务化、数字化、智能化转型升级的趋势明显，由此对创新的依赖性全面增强。中国拥有世界第一的人才规模和世界第二的研发投入，但受不合理体制的束缚，中国人才规模和研发投入规模优势还难以转化为自主创新优势和市场竞争优势。例如，中国科技成果转化率不足30%，高校科技成果转化率为15%～20%，远低于发达国家60%～70%的水平。为此建议：第一，把提高科技要素配置的市场化程度作为深化市场化改革的重要任务，推动科技领域的“小岗村”改革。第二，鼓励科研机构将科研成果的产权量化到个人，采取员工持股等多种形式激励科技创新，形成科技成果转化的有效激励。第三，鼓励科研机构建立法人治理，并推行研究员负责制，形成以科研为中心的创新管理新体制。第四，尽快打破现行教育体制中“应试型、封闭性、行政化”的因素，推动教育二次改革，实现创新型教育的新突破。与此同时，推动制造业走向更高水平的开放。我国制造业转型升级需要全球市场，跨越“中国缺芯”的陷阱需要强调自力更生，也需要推动开放创新。例如，在集成电路、智能制造等制造业领域加快放宽外资股比限制，推动国际新技术在中国的应用与发展。

2. 我国开始进入消费新时代，释放巨大内需潜力，关键在于以服务业市场开放为重点深化供给侧结构性改革

40年来，我国在释放市场活力的同时，注重协调利益关系和扩大改革普惠性，实现了从短缺经济社会到消费新时代的历史性提升。进入消费新时代，城乡居民以服务型消费为重点的消费结构升级是一个客观趋势，并蕴藏着巨大潜力。2017年，我国城乡居民恩格尔系数下降到29.3%，首次低于30%；消费结构正由物质型消费为主向服务型消费为主转型升级，预计到2020年，城镇居民服务型消费比重将由目前的45%左右提高到50%左右；消费已经成为拉动经济增长的第一动力。以服务业市场开放为重点深化供给侧结构性改革，既是适应社会主要矛盾变化、满足全社会服务型消费需求的重大举措，也是使巨大内需潜力转化为产业变革新优势的关键所在。

（1）把服务业市场开放作为深化供给侧结构性改革的

重大任务。国际经验也表明，一个国家在进入工业化后期，在进入中高收入阶段之后，服务型消费的增速将明显快于物质型消费的增速，表现为消费升级的趋势。在服务型消费的引领下，预计到2020年，中国居民消费需求规模将由2017年的37万亿元增长到48万亿～50万亿元，为中国经济在未来10年左右保持6%左右的增速奠定重要基础；同时也将为全球经济增长注入重要动力。未来5年，中国预计进口超过2.2万亿美元的服务，由此成为其他经济体重要的增长动力，从而为应对全球化新变局创造有利条件。问题在于，由于服务业市场开放滞后，服务型消费“有需求、缺供给”的矛盾相当突出，服务型消费供给不足导致相当一部分消费外流。适应消费结构变化，关键是要把服务业市场开放作为供给侧结构性改革的重大任务之一，释放市场化的新红利。一是尽快打破服务业领域的行政垄断与市场垄断，推动服务业向社会资本的全面开放；二是推动服务业领域国有资本战略性调整；三是尽快形成市场决定服务价格的新机制。

（2）在政府保基本的前提下，在公共服务业领域放开市场、引入竞争。教育、健康、养老、文化、体育等服务型消费是消费升级的热点领域，都带有公共服务的属性，但同样需要发挥市场的作用。在消费主体个性化、差异化、多元化的今天，这些服务领域的市场放开后，可以带来巨大的细分市场，成为新的增长动力。例如，大健康产业的体检领域，在市场放开后短短几年就发展成为超2000亿元的细分市场。为此，要在强化政府保基本公共服务职能的同时，在公共服务领域尽快引入竞争因素，提高公共服务的质量、效率、标准。一是要在基本公共服务领域的供给环节，引入竞争性供给主体，降低成本、提高效率；二是要把形成多元供给主体、多元竞争主体作为发展和完善政府购买公共服务的基本目标，尽快扩大政府购买公共服务的范围，以降低成本，提高政府公共服务效率。

（3）以扩大中等收入群体为重点加快利益结构调整。从国际经验看，进入中高收入阶段，消费升级的主力军是中等收入群体。目前，中国中等收入群体规模达到4亿人左右，占比为30%左右。这一比重与发达国家70%左右有较大差距。2020—2035年是中国由中高收入阶段迈进高收入阶段的关键时期，要形成合理的利益结构，中等收入群体比例需要从现在的30%左右提高到50%以上。进入消费新时代，在加大扶贫力度的同时，要把以扩大中等收入群体为重点的分配制度改革作为全面深化改革的重要任务，并形成改革的行动路线。例如：第一，推行员工持股，使部分产业工人进入中等收入群体。第二，在严格土地用途管制和规划管制的前提下，尽快落实农民土地财产权，实现农村土地使用权长期化、物权化、资本化，推动一定比例的农民成为中等收入者。第三，守住不发生系统性金融风险的底线，防止虚拟经济以及房地产市场异常波动冲击中等收入群体。

3. 我国开始进入对外开放新阶段，应对全球化新变局，需要坚定推进以自由贸易为主线的全面开放

40年来，我国抓住经济全球化浪潮所带来的历史机遇，始终坚持对外开放的基本国策，成功实现了从封闭半封闭到全方位开放的重大转折，不仅推动了自身的较快发展，而且为全球经济可持续发展做出了重大贡献。当前，中国经济发展的外部环境明显变化，既面临着贸易保护主义的挑战，又面临着世界经济格局深刻变化的挑战。立足近14亿人的内需大市场，保持战略定力，加快推进以自由贸易为主线的全面开放，实现“以高水平的开放倒逼高难度的改革”，我国完全有条件在推动经济转型升级、实现高质量发展上实现新的历史性跨越，并释放出巨大的全球化红利。

（1）加快建立与主动扩大进口相适应的制度与政策体系。过去在快速工业化的进程中，由于更加注重原材料和半成品等进口，进口结构与居民消费结构不相匹配，进口在满足城乡居民消费需求中的作用不明显。例如，《2018年中国消费市场发展报告》显示，中国进口总额中，消费品比重不足10%。未来3～5年，如果中国消费品进口比重达到20%左右的平均水平，不仅会给本国消费升级创造良好的市场环境，还会每年将给全球带来约4000亿美元的进口需求。以药品进口为例，根据财政部2017年最新关税税率调整，我国进口药品最惠国税率为2%～4%，进入销售环节还需要在此基础上征收17%的增值税，这使得进口药品价格上升30%左右。从国际情况看，目前大部分发达国家对药品进口增值税进行减免，欧洲的平均水平为8.8%，美国和澳大利亚、英国、瑞士等国家将药品增值税降低为0。适应消费结构升级的趋势，建议在进一步降低关税的同时，逐步取消药品、常见病所使用的医疗器械进口增值税及重要日用消费品进口环节增值税；加快缩短国外已上市药品、医疗技术进入国内的审核期限；进一步降低高端消费品关税水平，扩大包括旅游、医疗、健康、教育、文化等服务进口，并形成服务型产业开放新格局。

（2）推进“一带一路”国际产能合作进程与服务贸易的融合发展。从实践看，以金融业为重点的服务业企业“走出去”滞后于实体企业“走出去”步伐，也滞后于产能合作的实际需求。2017年，中国与“一带一路”沿线国家和地区服务贸易额占贸易总额的比重仅为8.2%。推动共建“一带一路”高质量发展，要以基础设施为依托，以产能合作和服务贸易为重点，以构建自由贸易区网络为目标。为此，要在开展国际产能合作的同时，更加注重推动工程承包、研发设计、相关咨询、第三方认证、金融、保险、物流、采购等企业“走出去”，以服务贸易合作提升产能合作水平；积极探索实行服务业产业项下的自由贸易政策。从不同区域的特定优势出发，重点与“一带一路”沿线国家和地区开展以教育、健康、医疗、旅游、文化、金融、免税购物、会展为重点的服务业项下的自由贸易试点。如果服务贸易产业项下的自由贸易政策能尽快在一些地区落地，其对服务贸易创新的影响和带动效应将相当可观。

（3）以服务贸易为重点打造对外开放新高地。我国打造对外开放新高地，重点在服务贸易，难点也在服务贸易。推动以服务贸易为重点的开放转型，已成为我国“二次开放”的重大任务。例如：要以服务贸易为重点加快国内自贸试验区转型，创新负面清单管理，更大范围突破服务业开放的限制，对标国际服务贸易规则先行先试；要加快推进粤港澳服务贸易一体化。粤港澳大湾区一体化这个大战略的突破口在于加快推进粤港澳服务贸易一体化进程。这就需要尽快实现粤港澳服务贸易自由化体制机制的实质性突破；要尽快形成海南自贸试验区服务贸易新高地，这就需要海南以服务贸易为重点，以服务业市场全面开放为先，着力建设具有世界影响力的国际旅游消费中心，探索形成服务型经济发展的新路径。

在演讲的最后我提到，当前，我国的改革又到了一个新的历史关头，推进改革的复杂程度、敏感程度、艰巨程度不亚于40年前。尤其是在经济转型升级趋势与外部环境明显变化交织的新形势下，改革与危机赛跑的特点十分突出。实现全面改革开放的实质性突破，关键是进一步解放思想，关键是重行动、抓落实、见成效。中国以处理好政府与市场关系为主线加快完善社会主义市场经济体制，释放近14亿人的巨大内需潜力，不仅将赢得未来10年、20年、30年，甚至更长时间的发展，也将惠及整个世界。

六　没有思想大解放就没有改革大突破

2018年4月，习近平总书记在庆祝海南建省办经济特区30周年大会上的讲话中提出：“改革开放的过程就是思想解放的过程。没有思想大解放，就不会有改革大突破。”①

① 《习近平：在庆祝海南建省办经济特区30周年大会上的讲话》，新华网，2018年4月13日。

作为一名扎根改革、直谏改革的学者，我深知解放思想对深化改革的重要性。例如，1991年，在我国改革步伐放缓的背景下，我在《新世纪》杂志先后发表了《改革要更大胆一些》《解放思想　加快改革》等多篇论述解放思想的文章。2014年3月，在全国政协十二届二次会议上，我以《以发挥市场决定性作用为重点深化全面改革》为题做了大会发言。在发言的最后我提到，“市场决定”牵动影响改革全局，并将伴随着一场更深刻的思想解放。它意味着政府主导型经济增长方式非改不可，对加快政府职能转变、更好地发挥政府作用有重大影响；意味着权力配置资源导致机会不平等、权利不平等的问题非改不可，对形成公平竞争的市场环境有重大影响；意味着官本位、权力寻租、经济特权的问题非改不可，对抑制消极腐败、突破利益固化的樊篱有重大影响。

2016年，在《经济转型与结构性改革》一文中，我对经济转型升级做了如下评价：第一，就其蕴含的经济增长新潜能，就其对经济社会发展的推动力，就其对体制机制变革的历史意义，就其对全球增长的贡献而言，不亚于38年前开启的转型与改革。第二，就其涉及的领域，就其面临的结构性矛盾，就其对利益结构带来的冲击，不亚于38年前开启的转型与改革。第三，就其推进结构性改革的长期性、系统性、深刻性、复杂性和艰巨性所带来的难度与挑战，不亚于38年前开启的转型与改革。并且，我将经济转型与结构性改革评价为“改革大考”。

当前，我认为我国面临的最大挑战在于对转型估计不到位，对全面转型的准备不足，由此导致以经济转型为目标的结构性改革滞后。以释放内需潜力为目标推动“二次改革”，仍然需要以思想的大解放实现全面深化改革开放的重要突破。

1. “二次改革”需要一场深刻的思想解放

以服务业市场开放为例。服务业市场开放不仅涉及经济结构调整，更涉及利益结构、发展理念的重大调整，需要以思想大解放实现服务业市场开放的大突破。为此，在媒体采访我如何解放思想时，我谈了三点看法：一是要突破局部利益束缚，要敢于对旧有利益格局“动刀子”。二是要突破传统观念束缚。例如，有人担心服务业市场全面开放会扰乱经济秩序、威胁社会及国家安全等。在全球化的大趋势下，服务业不开放，消费者就会用脚投票，相当多的服务型消费需求就会外流。三是要突破各种疑虑的束缚。

2. 尽快形成改革共识，营造良好的改革氛围

2004年，我出版了《改革与多数人利益》一书。有人问我，改革能有多数人利益吗？我反问道，如果没有多数人利益，那我们搞改革干什么呢？但从改革的实际情况看，由于利益关系的多元化，改革推进过程中受到多方矛盾掣肘，突出表现在缺乏改革共识。面对既得利益关系失衡，达成改革共识是不易的。只有在改革中才能形成共识，越是不改革，就越是没有共识。

3. “二次改革”需要加强顶层设计

2008年，我在全国政协十一届一次会议上的发言中提出应尽快建立中央层面的改革协调机构，并提交了一份专题提案。中央机构编制委员会办公室在给我的答复中提道：“您站在发展全局和贯彻落实科学发展观的高度，从组织机构建设方面，提出建立高层次的改革协调机构、建立国务院改革专家咨询机制的建议，富有建设性和针对性。我们将按照《关于深化行政管理体制改革的意见》精神，做进一步的研究和论证。”此后，我数次在全国政协的小组讨论上都提出了加强改革的统筹协调、建立高层次的改革协调机构的建议。我很高兴地看到，2018年，中国共产党中央全面深化改革委员会正式设立，这标志着改革顶层设计协调推动机构在制度上正式确立。从实践看，在加强改革顶层设计的同时，要发挥地方改革先行先试的作用，并支持和鼓励基层的改革实践。

附　录

一　主要专著

1.《为改革鼓劲》，改革出版社，1995年12月。

2.《走向大开放》，改革出版社，1995年12月。

3.《论转型时期的经济改革》，改革出版社，1995年11月。

4.《中国：改革决定未来》，中国经济出版社，2000年9月。

5. *REFORM DETERMINES FUTURE OF CHINA*，《中国：改革决定未来》（英文版），外文出版社，2000年10月。

6.《改革还有很长的路》，中国经济出版社，2001年12月。

7.《深化产权制度改革》，中国经济出版社，2001年12月。

8.《转向结构性改革》，中国经济出版社，2001年12月。

9.《推进政治体制改革》，中国经济出版社，2001年12月。

10.《实行大开放战略》，中国经济出版社，2001年12月。

11.《中国改革进入新阶段》，中国经济出版社，2003年8月。

12. *CHINA THE NEW STAGE OF REFORM*，《中国改革进入新阶段》（英文版），外文出版社，2004年1月。

13.《改革与多数人利益》，中国发展出版社，2004年10月。

14.《门槛——政府转型与改革攻坚》，中国经济出版社，2005年10月。

15. *THE THRESHOLD——TRANSFORMATION OF GOVERNMENT FUNCTIONS AND THE REFORM*，《门槛——政府转型与改革攻坚》（英文版），外文出版社，2005年。

16.《起点——中国改革步入30年》，中国经济出版社，2007年8月。

17. *STARTING POINT : THIRTY YEARS OF REFORM IN CHINA*，《起点：中国改革步入30年》（英文版），外文出版社，2008年1月。

18.《痴心热土——20年的梦想与追求》，人民出版社，2008年3月。

19.《门槛——政府转型与改革攻坚》（海南历史文化大系·海南学者学术精品卷），海南出版社、南方出版社，2008年4月。

20.《第二次改革：中国未来30年的强国之路》，中国经济出版社，2010年1月。

21.《十字路口的抉择——迟福林谈二次改革》，中国友谊出版公司，2010年3月。

22. *THE ROAD TO CHINA'S PROSPERITY IN THE NEXT THREE DECADES*，《第二次改革》（英文版），五洲传播出版社，2010年10月。

23.《中国：历史转型的“十二五”》，中国经济出版社，2011年2月。

24.《二次转型与改革战略》（“国家发展战略研究丛书”），学习出版社、海南出版社，2012年11月。

25.《跑赢危机——面向2020的中国改革》，中国经济出版社，2013年7月。

26.《改革大考——经济转型与结构性改革》，群言出版社，2016年8月。

27.《赢在转折点——中国经济转型大趋势》，浙江大学出版社，2016年8月。

28.《我的海南梦——痴心热土三十载》，江苏人民出版社，2018年4月。

29.《劳动力产权论——实现共享发展的理论探索》，中国工人出版社，2018年6月。

30.《尽心履职谏改革——十年政协建言录》，浙江大学出版社，2018年7月。

二　主要编著

1.《海南新体制构架与实践》，海南出版社，1992年6月。

2.《中国股份制理论与实践》，改革出版社，1992年11月。

3.《历史新起点——中国走向市场经济的理论与现实》，海南出版社，1993年11月。

4.《稳定的基础——中国新型社会保障制度的建立》，海南出版社，1993年11月。

5.《关键的一步——中国金融体制改革的目标》，海南出版社，1993年11月。

6.《新兴的市场——中国证券市场的兴起与发展》，海南出版社，1994年6月。

7.《增长的活力——中国民私营经济的兴起与发展》，海南出版社，1995年7月。

8.《决定性转折——中国经济转轨中的国有企业改革》，中国经济出版社，1996年1月。

9.《持续的增长——中国经济快速发展与抑制通货膨胀》，中国经济出版社，1996年1月。

10.《再上新台阶——中国转轨时期农村经济改革与发展》，中国经济出版社，1996年1月。

11.《迈向新体制——中国经济转轨中若干改革问题研究》，中国经济出版社，1996年1月。

12.《增创新优势——中国经济特区的进一步发展》，中国经济出版社，1996年1月。

13. *PRESSING TASKS OF CHINA'S ECONOMIC TRANSITION*，《中国经济转轨的迫切任务》（英文版），外文出版社，1996年12月。

14. *SEVERAL ISSUES ARISING DURING THE RETRACTING OF THE CHINESE ECONOMIC*，《中国经济转轨中若干改革问题研究》（英文版），外文出版社，1997年。

15.《’97转型研究报告：国企改革与政府作用》，大地出版社，1998年4月。

16.《世纪之交：中国经济改革》，外文出版社，1999年1月。

17.《世纪之交：中国的金融开放与金融安全》，外文出版社，1999年1月。

18.《中国农民的期盼：长期而有保障的土地使用权》，外文出版社，1999年8月。

19.《中国收入分配制度改革与职工持股》，中国经济出版社，2000年5月。

20.《走入21世纪的中国基础领域改革》，中国经济出版社，2000年5月。

21.《走入21世纪的中国农村土地制度改革》，中国经济出版社，2000年6月。

22. *CHINA'S ECONOMIC REFORM AT THE TURN OF THE CENTURY*，《世纪之交：中国经济改革》（英文版），外文出版社，2000年6月。

23.《21世纪初期中国经济改革》，中国经济出版社，2000年8月。

24.《以产业开放拉动产业升级——中国加入WTO背景下的海南经济发展战略》，海南出版社，2000年9月。

25.《走向开放与竞争的中国基础领域改革》，中国经济出版社，2001年6月。

26.《中国职工持股规范运作与制度设计》，中国经济出版社，2001年8月。

27.《把土地使用权真正交给农民》，中国经济出版社，2002年6月。

28.《走进WTO的中国基础领域改革》，中国经济出版社，2002年6月。

29.《中国改革的下一步》，中国经济出版社，2002年12月。

30. *ALARMING BELL——CHINA: SARS CRISIS AND SYSTEM REFORM*，《警钟——中国：SARS危机与制度变革》（英文版），外文出版社，2003年8月。

31.《处在十字路口的中国基础领域改革》，中国经济出版社，2004年1月。

32.《2005’中国改革评估报告》，外文出版社，2005年4月。

33.《2006’中国改革评估报告》，中国经济出版社，2006年5月。

34.《2007’中国改革评估报告》，中国经济出版社，2007年3月。

35. *2007 EVALUATION REPORT ON CHINA'S REFORM*，《2007’中国改革评估报告》（英文版），外文出版社，2007年8月。

36.《2008新阶段改革的起点与趋势——2008’中国改革评估报告》，中国经济出版社，2008年3月。

37.《中国人类发展报告2007/08——惠及13亿人的基本公共服务》，中国出版集团公司，2008年。

38.《建言中国改革》，中国经济出版社，2008年11月。

39.《中国改革下一步》，中国经济出版社，2008年12月。

40.《中国农村改革新起点——基本公共服务均等化与城乡一体化》，中国经济出版社，2009年2月。

41.《危机挑战改革——2009’中国改革评估报告》，中国经济出版社，2009年3月。

42.《增长与改革——危机下的亚洲新兴经济体》，中国经济出版社，2009年6月。

43. *CHINA’S REFORM IN THE SHADOW OF THE GLOBAL FINANCIAL CRISIS*，《中国信心：全球危机下的中国改革》（英文版），外文出版社，2009年10月。

44.《后危机时代发展方式转型与改革：新兴经济体的新挑战、新角色、新模式》，华文出版社，2009年12月。

45.《第二次转型——处在十字路口的发展方式转变》，中国经济出版社，2010年3月。

46.《城市化时代的转型与改革：城市化与城乡一体化的新趋势、新挑战、新突破》，华文出版社，2010年3月。

47. *CHANGE OF CHINA’S DEVELOPMENT MODELS AT THE CROSSROADS*，《第二次转型》（英文版），五洲传播出版社，2010年10月。

48.《民富优先：二次转型与改革走向》，中国经济出版社，2011年2月。

49.《聚焦“十二五”改革》，中国经济出版社，2011年2月。

50.《破题收入分配改革》，中国经济出版社，2011年2月。

51. *GIVING PRIORITY TO ENRICHING PEOPLE: ORIENTATION OF THE SECOND ROUND OF TRANSITION AND REFORM*,《民富优先：二次转型与改革走向》（英文版），五洲传播出版社，2011年9月。

52.《消费主导：中国转型大战略》，中国经济出版社，2012年2月。

53. *CONSUMPTION-LED GROWTH*，《消费主导》（英文版），五洲传播出版社，2012年10月。

54.《改革红利——十八大后转型与改革的五大趋势》，中国经济出版社，2013年1月。

55.《中国改革开放全纪录1978—2012》，五洲传播出版社，2013年1月。

56. *PANORAMA OF REFORM AND OPENING-UP IN CHINA*（1978-2012），《中国改革开放全纪录（1978—2012）》（英文版），五洲传播出版社，2013年5月。

57. *BONUS FROM REFORMS : FIVE TRENDS OF TRANSFORMATION AND REFORMS AFER THE CPC'S 18TH NATIONAL CONGRESS*，《改革红利——十八大后转型与改革的五大趋势》（英文版），五洲传播出版社，2013年8月。

58.《市场决定——十八届三中全会后的改革大考》，中国经济出版社，2014年2月。

59. *DECISIVE ROLE OF THE MARKET*，《市场决定》（英文版），五洲传播出版社，2014年11月。

60.《转型抉择2020：中国经济转型升级的趋势与挑

战》，中国经济出版社，2015年2月。

61.《读懂中国经济新常态——中国未来经济何去何从》，中国工人出版社，2015年5月。

62. *A DECISIVE CHOICE TO ADVANCE ECONOMIC TRANSITION*，《转型抉择2020：中国经济转型升级的趋势与挑战》（英文版），五洲传播出版社，2015年2月。

63.《转型闯关——“十三五”：结构性改革历史挑战》，中国工人出版社，2016年2月。

64.《改革谏言录》，中国工人出版社，2016年6月。

65.《改革引领转型——全球经济增长趋势与前景》，中国工人出版社，2016年7月。

66.《二次开放——全球化十字路口的中国选择》，中国工人出版社，2017年2月。

67. *THE SECOND ROUND OF OPENING-UP*，《二次开放》（英文版），五洲传播出版社，2017年9月。

68.《读懂结构性改革：全球化趋势下的中国经济增长》，中国工人出版社，2017年9月。

69.《建设现代化经济体系》，中国工人出版社，2018年1月。

70.《动力变革——推动高质量发展的历史跨越》，中国工人出版社，2018年3月。

71.《经济全球化变局——扩大中等收入群体大战略》，中国工人出版社，2018年3月。

72.《伟大的历程：中国改革开放40年实录》，广东经济出版社，2018年4月。

73.《策划天涯30略——立足海南的追求与探索》，江苏人民出版社，2018年4月。

三　部分发表论文

●1987—1989年

《谈关于中国处在社会主义初级阶段论断的意义》，《瞭望新闻周刊》，1987年9月21日。

《试论我国社会主义初级阶段的民主政治建设》，《中国社会科学》，1988年第1期。

《邓小平同志关于改革的思想是对科学社会主义的重要贡献》，《新华文摘》，1989年第1期。

《海南省的改革开放》，《中国经济体制改革年鉴》，1989年。

●1990—1999年

《社会市场经济体系中的社会保障体系》，《中国体改研究会通讯》，1990年5月31日。

《建立在国家宏观计划指导下以市场调节为基础的新体制》，《研讨要报》，1991年第2期。

《改革开放与中国共产党》，《海南日报》，1992年6月30日。

《海南：希望与出路的选择——论建立海南特别关税区》，《进展》，1992年第3卷第4、5期。

《建立特别关税区是海南现实的选择》，《特区与开放城市经济》，1992年第9期。

《建立完善社会主义市场经济新体制　实现海南经济的高速增长》，《海南日报》，1992年10月20日。

《海南建立和完善社会主义市场经济体制的基本实践》，《环球经济导报》，1992年10月22日。

《在中国大陆加速建立市场经济体制中推动中华经济协作系统的形成和发展》，《亚太经济》，1993年第6期。

《国有资产市场化》，《改革导报》，1993年第9期。

《国有资产市场化的实现途径》，《经济学消息报》，1993年9月9日。

《股份制、股票市场的发展是适应中国走向市场经济的客观需要》，《中国经济体制改革》，1993年第6期。

《从国有企业到国有资本——关于建立现代企业制度的一种主张》，《海南日报》，1994年1月4日。

《迈向社会主义市场经济新体制——六年来海南经济体制改革的基本实践》，《改革研究》，1994年第4、5期。

《海南作为中国最大经济特区的作用何在》，《特区与开发区经济》，1994年第5期。

《国有资产市场化——国有企业改革的根本出路》，《工业企业管理》，1994年第6期。

《做好"很了不起"这篇大文章——学习邓小平关于创办海南经济特区的战略思想》，《海南日报》，1994年11月15日。

《中国国有企业改革中的劳动力产权问题》，《特区证券报》，1994年11月19日。

《举起改革发展和抑制通胀的双刃剑》，《亚太经济时报》，1994年12月13日。

《股份经济发展中的六大产权问题》，《国民经济管理与计划》，1994年第11期。

《在保证经济持续快速增长进程中有效地抑制通货膨胀》，《经济社会体制比较》，1995年第1期。

《国有企业改革中的劳动力产权问题》，《改革》，1995年第1期。

《中国经济转轨中的国有企业改革》，《经济学家》，1995年第3期。

《以市场化为目标加快中国农村经济改革》，《中国农村经济》，1995第5期。

《在经济快速增长中有效抑制通胀的五十条建议》，《亚太经济时报》，1995年2月7日。

《深化农村经济改革的建议》，《亚太经济时报》，1995年5月9日。

《当前确立劳动力产权至关重要》，《经济工作导刊》，1995年第7期。

《从整体上搞活国有经济的建议（二十条）》，《求索》，1995年5月30日。

《从整体上搞活国有经济的建议（二十条）》，《国民经济管理与计划》，1995年第11期。

《确立劳动力产权　增强国企竞争力》，《亚太经济时报》，1996年5月26日。

《论中国商业银行体制改革》，《城市金融论坛》，

1996年第1期。

《以解决不良债务为重点加快商业银行体制改革的建议（三十条）》，《海南经济报》，1996年1月16日。

《转轨时期中国经济特区的发展》，《经济学家》，1996年第2期。

《经济转轨时期劳动力产权的确立》，《探索与争鸣》，1996年第11期。

《如何解决国有企业债务问题》，《经济界》，1996年第6期。

《中国经济转型时期的政府改革》，《经济社会体制比较》，1997年第2期。

《转轨时期中国资本市场发展的几个问题》，《经济学人》，1997年7月1日。

《中国经济转型时期的政府改革》，《改革》专刊，1997年8月。

《加快国有企业股份制改革的几个问题》，《中国市场经济报》，1997 年11月21日。

《土地承包必需有法律保障》，《中国改革》，1998年第12期。

《对我国下一步经济改革研究的建议》，《当代学术信息》，1998年第1期。

《应尽快实现农村土地使用权长期化》，《中国经济时报》，1998年10月7日。

《我国股份制经济健康发展的正确方针》，《经济界》，1998年第6期。

《以加快市场化为目标　深化中国农村经济改革》，《中国农业发展文库》，1998年。

《赋予农民长期而有保障的土地使用权》，《人民日报》，1999年1月5日。

《赋予农民长期而有保障的土地使用权》，《中国农村经济》，1999年第3期。

《我国转轨中公司治理结构的若干问题》，《经济界》，1999年第2期。

《进一步完善公司治理结构》，《中国改革报》，1999年7月14日。

《加快形成有效的反贫困治理结构》，《中国经济时报》，1999年8月10日。

《以改革推动经济增长》，《改革内参》，1999年第7期。

《中国改革决定未来——21世纪初中国经济改革的作用和任务》，《开放导报》，1999年第12期。

●2000—2009年

《转型期中国基础领域的改革》，《经济学动态》，2000年第2期。

《正确处理经营者激励机制建设中若干重要关系》，《经济社会体制比较》，2000年第2期。

《21世纪初期我国经济改革亟待解决的十个问题》，《亚太经济时报》，2000年4月26日。

《关于建立具有中国特色的职工持股制度的建议（二十五条）》，《经济改革》，2000年5月11日。

《建立中国特色的职工持股制度》，《改革月报》，2000年第5期。

《中国：改革决定未来》，《经济界》，2000年第6期。

《21世纪初我国改革面临的迫切课题》，《中国改革报》，2000年6月7日。

《从基础性改革转向结构性改革》，《中国市场经济报》，2000年12月14日。

《不能缺失的角色——非国有经济参与基础领域改革论坛综述》，《新华文摘》，2001年第1期。

《实现转型时期产权制度创新的重要尝试》，《中国市场经济报》，2001年2月5日。

《让非国有经济在基础领域发挥作用》，《中国经济时报》，2001年2月6日。

《以职工持股为重点，实现转型时期产权制度创新》，《经济界》，2001年第2期。

《从基础性改革转向结构性改革——21世纪初期我国经济改革的特点分析》，《改革》，2001年第3期。

《从基础性改革转向结构性改革》，《新华文摘》，2001年。

《当前我国经济改革十大问题》，《国民经济管理》，2001年第8期。

《我国产权制度改革的十大问题》，《中国经济时报》，2002年4月6日。

《承认并实现创业型企业家价值》，《中国企业报》，2002年4月24日。

《经济全球化与中国经济改革的下一步》，《改革》，2002年第4期。

《中国自由贸易区的构想》，《港口经济》，2002年第6期。

《中国下阶段改革的重点》，《社会主义经济理论与实践》，2002年第8期。

《基础领域改革的新课题》，《学习时报》，2002年11月11日。

《我国产权制度改革面临十大问题》，《财经》，2002年第5期。

《新阶段改革的重点是政府改革》，《经济参考报》，2003年5月14日。

《非典危机中的改革契机》，《经济参考报》，2003年6月4日。

《为农民提供基本而有保障的公共产品》，《中国经济时报》，2003年8月15日。

《SARS危机：敲响中国改革警钟》，《政策》，2003年第8期。

《以人为本，完善社会主义市场经济体制》，《学习时报》，2003年9月22日。

《适时推进公共服务型政府建设》，《经济研究参考》，2003年第71期。

《给农民全面的国民待遇——新阶段中国农村改革的七项建议》，《农业经济导刊》，2003年第7期。

《加快建设公共服务型政府的若干建议（24条）》，

《经济研究参考》，2004年第13期。

《全面推进以政府转型为重点的结构性改革的建议（12条）》，《经济研究参考》，2004年第75期。

《政府转型是中国经济社会发展的战略问题》，《中国经济》，2004年第12期。

《今年是改革攻坚的关键一年》，《人民日报·内部参阅》，2005年第8期。

《中国改革攻坚阶段的政府转型》（人大复印资料），《体制改革》，2005年第5期。

《现实需要政府加速转型——政府转型的现实基础及目标选择》，《中国改革报》，2005年9月15日。

《改革特定阶段政府作用的“三个转变”》，《中国改革报》，2005年9月15日。

《公共需求变化与政府转型》，《光明日报》，2005年7月19日。

《以公共服务为目标的政府转型》，《经济参考报》，2005年7月23日。

《满足基本公共需求是建设和谐社会的重要保障》，《人民日报·内部参阅》，2005年第43期。

《我国社会正面临日益突出的两大矛盾》，《中国经济时报》，2005年12月16日。

《中国公共需求变化与反贫困治理》，《经济内参》，2005年第45期。

《我国社会矛盾的变化与再分配》，《新华文摘》，2006年第4期。

《要尽快建立高层次的改革协调机构》，《新华文摘》，2006年第13期。

《政府行政管理体制改革的基本目标》，《经济参考报》，2006年6月3日。

《以强化公共服务为基本目标的政府行政管理体制改革》（人大复印资料），《体制改革》，2006年第8期。

《以公共服务均等化为重点的中央地方关系》，《经济参考报》，2006年10月30日。

《基本公共服务均等化：中央与地方关系之重》，《改革内参》，2006年第33期。

《公共视角下的央地关系》，《经济观察报》，2006年11月27日。

《尽快实现中央地方关系从“以经济总量为主导”向“以基本公共服务均等化为重点”转变》，《人民日报·思想理论动态参阅》，2006年第50期。

《推进以落实科学发展观为目标的行政管理体制改革》，《中国经济时报》，2007年1月26日和2007年2月1日。

《加快建立社会主义公共服务体制的思考》（人大复印资料），《公共行政》，2007年第1期。

《着力解决好公共产品供给的体制机制问题》，《光明日报》，2007年3月27日。

《重点构建公共服务体制》，《人民论坛》，2007年第20、21期。

《我国步入全面改革新阶段》，《经济参考报》，2007年11月23日。

《新阶段大部门制改革的特殊性》，《中国经济时报》，2008年2月22日。

《大部制推动新阶段政府转型》，《人民论坛》，2008年第7期。

《改革发展新时期的基本公共服务》，《中国党政干部论坛》，2008年第4期。

《以政府转型为主线的行政管理体制改革》，《经济参考报》，2008年9月12日。

《我国步入发展型社会的改革战略》，《改革内参》，2008年第27期。

《论我国新阶段改革趋势》，《上海大学学报》，2008年第6期。

《城乡基本公共服务均等化与城乡一体化》，《农村工作通讯》，2008年第24期。

《新阶段的经济增长与改革选择》，《调查与研究》，2008年第12期。

《以基本公共服务均等化统筹城乡发展》，《经济参考报》，2008年12月12日。

《新阶段的经济增长与改革选择》，《学习月刊》，2009年第1期。

《扩大内需重在基本公共服务制度建设》，《经济参考报》，2009年2月20日。

《新阶段的经济增长与改革选择》，《社科论坛》，2009年第1期。

《扩大内需重在建立基本公共服务制度》，《学习月刊》，2009年第3期。

《从生产主导型向消费主导型的历史转变》，《中国经济时报》，2009年7月8日。

《扩大内需的关键是经济发展方式转变》，《经济研究信息》，2009年第7期。

《以发展方式转型为主线——“十二五”改革的研究建议》，《发展规划研究》，2009年第9期。

《论我国新阶段改革趋势》，《新华文摘》，2009年第9期。

《增长主义的终结与发展方式转型》，《人民论坛》，2009年第30期。

《扩大内需的关键是经济发展方式转变》，《人民日报》，2009年7月15日。

《处在历史转折阶段的“十二五”改革》，《经济参考报》，2009年10月28日。

《第二次转型与第二次改革》，《中国改革》，2009年第11期。

《中国未来发展方式的转型与改革》，《上海证券报》，2009年11月23日。

●2010—2018年

《我国开始进入第二次改革新阶段》，《中国经济时报》，2010年1月4日。

《后危机时代我国发展方式的转型与改革》，《社会主义经济理论与实践》，2010年第4期。

《以发展方式转型为主线布局“十二五”改革》，《高管信息》，2010年第10期。

《经济发展方式转变与政府发展理念变革》，《行政管理改革》，2010年第5期。

《以发展方式转型为主线的第二次转型与改革》，《中国井冈山干部学院学报》，2010年第3期。

《以公平与可持续为目标　转变我国发展方式》，《经济参考报》，2010年6月11日。

《公共产品短缺时代的公益机构改革》，《中国经济时报》，2010年8月3日。

《应让“农民工”成为历史》，《人民政协报》，2010年8月10日。

《发展方式转型背景下的收入分配改革》，《情况反映汇编》，2010年第16期。

《以发展方式转型为主线的第二次转型与改革》，《体制改革》，2010年第10期。

《收入分配制度改革要形成民富优先的制度保障》，《学习时报》，2010年11月15日。

《发展方式转变与教育基本公共服务体系建设》，《中国教育报》，2010年12月17日。

《发展方式转变与城市化战略》，《中国新农村建设》，2010年第7期。

《从国富优先向民富优先迈进》，《经济参考报》，2011年1月4日。

《让“农民工”成为历史》，《人民日报》，2011年1月19日。

《“十二五”我国发展方式转变的趋势与重点》，《新华文摘》，2011年第3期。

《发展方式转变背景下的改革选择》，《学术研究》，2011年第2期。

《以公共服务建设为中心的政府转型》，《国家行政学院学报》，2011年第1期。

《要不要确立民富优先的改革导向》，《中国经济时报》，2011年2月25日。

《发展方式转变和收入分配制度改革》，《中国改革》，2011年第3期。

《“十二五”转型与改革须警惕“中等收入陷阱”》，《情况反映汇编》，2011年第5期。

《加快制度变革　推进基本公共服务均等化》，《光明日报》，2011年3月22日。

《以拉动消费为重点的“十二五”改革》，《经济参考报》，2011年5月20日。

《中国“十二五”：以民富优先为导向的发展转型》，《经济体制改革》，2011年第5期。

《公共产品短缺时代的政府转型》，《新华文摘》，2011年第21期。

《消费主导的战略选择》，《光明日报》，2012年4月6日。

《适应公共需求新变化》，《人民日报》，2012年11月5日。

《走向消费主导的中国经济转型与改革战略》，《经济社会体制比较》，2012年第4期。

《改变“增长主义”政府倾向》，《行政管理改革》，2012年第8期。

《建设服务型政府 推进行政管理体制改革》，《紫光阁》，2012年第4期。

《以公共服务体系建设为目标的事业单位改革》，《中国机构改革与管理》，2012年第1期。

《公平与可持续：未来十年的中国追求》，《经济体制改革》，2012年第2期。

《我国发展型新阶段的社会管理创新》，《中国政协》，2012年第5期。

《开放能否“倒逼”改革》，《社会主义经济理论实践》，2012年第2期。

《推进消费主导的转型与改革》，《改革开放》，2012年第10期。

《以消费释放支撑中速增长期》，《支点》，2013年第1期。

《推进人口城镇化的转型与发展》，《中国经济时报》，2013年3月28日。

《政府职能转变：向谁放权》，《时事报告》，2013年第4期。

《建立高层次改革协调机构》，《经济参考报》，2013年4月10日。

《释放更多的改革红利》，《光明日报》，2013年4月12日。

《“放权”是政府职能转变的重点》，《紫光阁》，2013年第4期。

《优化权力结构 推动政府职能转变实质性突破》，《行政管理改革》，2013年第4期。

《推进规模城镇化向人口城镇化转型》，《经济参考报》，2013年5月3日。

《中国经济转型趋势与改革重点》，《上海证券报》，2013年9月24日。

《走向公平可持续增长的转型改革》，《经济参考报》，2013年11月7日。

《改革重点：理顺政府与市场关系》，《紫光阁》，2013年第11期。

《市场决定性作用牵动改革全局》，《上海证券报》，2014年1月28日。

《推进市场监管向法治化转型》，《经济参考报》，2014年6月27日。

《在走向服务业主导中释放经济增长新动力》，《光明日报》，2014年6月4日。

《中国经济转型趋势与改革重点》，《上海证券报》，2014年9月24日。

《消费需求释放拉动未来经济增长》，《社会科学报》，2014年10月16日。

《从工业大国走向服务业大国》，《上海证券报》，2014年11月18日。

《“十三五”：走向服务业大国的转型与改革》，《经济参考报》，2014年12月22日。

《以改革的办法建设新型社会智库》，《光明日报》，2015年1月30日。

《走向服务业大国的转型与改革》，《经济日报》，2015年4月16日。

《以结构性改革破解结构性矛盾》，《社会科学报》，2015年5月28日。

《深化以简政放权为重点的行政体制改革》，《人民政协报》，2015年6月4日。

《“十三五”应形成服务业主导的经济结构》，《上海证券报》，2015年6月12日。

《“十三五”：以服务业主导适应引领经济新常态》，《学习时报》，2015年7月6日。

《2020：中国以服务业为主导的经济转型大趋势》，《中国经济时报》，2015年7月8日。

《形成服务业主导的产业结构》，《人民日报》，2015年8月26日。

《“十三五”将释放市场化改革新红利》，《上海证券报》，2015年10月28日。

《“十三五”改革应着眼扩内需》，《中国经济导报》，2015年11月3日。

《以结构性改革破解经济转型的结构性矛盾》，《人民政协报》，2016年12月29日。

《以结构性改革实现转型闯关》，《经济参考报》，2016年3月4日。

《建立健全与市场经济相适应的监管体制》，《经济参考报》，2016年3月9日。

《结构性改革要攻坚克难》，《经济日报》，2016年4月6日。

《尽快转向以服务贸易市场开放为重点的二次开放》，《光明日报》，2016年5月11日。

《赢在转折点：经济转型与结构性改革》，《上海证券报》，2016年5月20日。

《“十三五”：在经济转型中扩大中等收入群体》，《中国劳动保障报》，2016年5月28日。

《扩大中等收入群体是跨越中等收入陷阱的内在要求》，《光明日报》，2016年6月22日。

《依托转型解决结构性矛盾》，《人民日报》，2016年10月13日。

《自贸区转型发展的历史新起点——以服务贸易为重点的“二次开放”》，《中国经济时报》，2016年10月11日。

《以公平竞争为目标推进市场监管体制转型》，《学习时报》，2016年10月13日。

《经济转型与结构性改革——经济全球化新挑战的中国选择》，《上海大学学报》，2017年第2期。

《处理好政府与市场关系是深化结构性改革的关键》，《行政管理改革》，2017年第2期。

《适应全球化新趋势推动开放转型》，《经济日报》，2017年3月3日。

《以落实农民土地财产权为重点 推进城乡关系变

革》，《中国经济导报》，2017年3月3日。

《2020：让城乡二元户籍制度成为历史》，《人民政协报》，2017年3月4日。

《在供给侧改革中释放需求潜力》，《经济日报》，2017年4月21日。

《推进以人为核心的新型城镇化》，《经济参考报》，2017年4月27日。

《以服务贸易为重点推进二次开放》，《经济参考报》，2017年4月28日。

《经济转型是一场深刻的变革》，《学习时报》，2017年4月28日。

《“一带一路”：经济全球化的新主角》，《浙江日报》，2017年5月10日。

《“一带一路”：引领新的经济全球化》，《光明日报》，2017年5月19日。

《以有效金融监管实现金融与实体经济良性互动》，《学习时报》，2017年6月2日。

《以构建自贸区网络推进“一带一路”》，《中国经济社会论坛》，2017年第5期。

《加快推进政府监管变革的建议》，《行政改革内参》，2017年第5期。

《以监管转型为重点推进简政放权》，《经济日报》，2017年8月18日。

《市场监管变革以优化营商环境为重点》，《经济参考报》，2017年9月11日。

《经济转型升级中的中国与世界》，《浙江日报》，2017年11月7日。

《以完善公平竞争营商环境为重点的市场监管变革》，《行政改革内参》，2017年第11期。

《我国经济优化升级趋势的深远影响》，《经济日报》，2017年12月16日。

《以新发展理念为指导建设现代化经济体系》，《中国政协》，2017年第21期。

《以高质量发展为核心目标建设现代化经济体系》，《行政管理改革》，2017年第12期。

《中国：如何高质量发展实体经济》，《浙江日报》，2018年1月16日。

《推动高质量发展要加快动力变革》，《经济日报》，2018年3月1日。

《服务业市场开放是中国扩大开放的重大举措》，《上海证券报》，2018年4月10日。

《以更大开放办好最大经济特区》，《经济参考报》，2018年4月24日。

《推动形成更高层次改革开放新格局》，《经济日报》，2018年4月28日。

《服务业市场开放是转向高质量发展的时代需求》，《社会科学报》，2018年5月31日。

《以改革开放的新突破助推经济转型升级》，《光明日报》，2018年6月25日。

《扩内需要处理好政府与市场关系》，《经济参考报》，2018年7月19日。

《粤港澳大湾区：关键在加快服务贸易一体化》，《经济参考报》，2018年9月10日。

《打造新时代全面深化改革开放的新标杆》，《学习时报》，2018年9月12日。

《推进以服务贸易为重点的开放转型》，《经济观察报》，2018年10月8日。

《改革开放40年建立与完善社会主义市场经济体制的基本实践》，《改革》，2018年第8期。